《辛亥革命全景录》编委会

主　编：金冲及

副主编：黄书元

编委会：（按姓氏笔画为序）

丁　莉　丁荣生　王建槐　乔还田　刘大伟
刘健屏　刘晓明　刘晓津　辛广伟　李广洁
李建国　陈鹏鸣　金冲及　金炳亮　胡正义
徐建国　黄书元　曹维琼　惠西平　董宝生
游道勤　楼贤俊　解　伟

辛亥革命全景录 主编 金冲及

国家"十二五"规划
纪念辛亥革命100周年 重点图书项目

晋省风雷

——辛亥革命在山西

刘存善 著

山西出版集团　山西人民出版社

图书在版编目（CIP）数据

晋省风雷：辛亥革命在山西／刘存善著．—太原：
山西人民出版社，2011.9
 ISBN 978-7-203-07416-8

Ⅰ.①晋… Ⅱ.①刘… Ⅲ.①辛亥革命–史料–
山西省 Ⅳ.① K 257.06

中国版本图书馆 CIP 数据核字（2011）第 183295 号

晋省风雷：辛亥革命在山西

著　　者：刘存善
责任编辑：张建英　李　鑫
装帧设计：徐　晖　刘彦杰

出 版 者：	山西出版集团·山西人民出版社
地　　址：	太原市建设南路 21 号
邮　　编：	030012
发行营销：	0351-4922220　4955996　4956039
	0351-4922127（传真）　4956038（邮购）
E-mail：	sxskcb@163.com　发行部
	sxskcb@126.com　总编室
网　　址：	www.sxskcb.com

经 销 者：山西出版集团·山西人民出版社
承 印 者：山西出版集团·山西新华印业有限公司

开　　本：	710mm×1000mm　1/16
印　　张：	15
字　　数：	220 千字
版　　次：	2011 年 9 月第 1 版
印　　次：	2011 年 9 月第 1 次印刷
书　　号：	ISBN 978-7-203-07416-8
定　　价：	35.00 元

如有印装质量问题请与本社联系调换

总　　序

席卷全国的辛亥革命，到现在整整100年了。

党的十五大报告指出："一个世纪以来，中国人民在前进道路上经历了三次历史性的巨大变化，产生了三位站在时代前列的伟大人物：孙中山、毛泽东、邓小平。"第一次历史性巨变是辛亥革命；第二次是中华人民共和国的成立和社会主义制度的建立；第三次是改革开放，为实现社会主义现代化而奋斗。这对辛亥革命是一个很高的评价，解决了辛亥革命的历史定位问题。

在过去很长时间里，人们对于辛亥革命的认识是不够的，往往讲它的消极和失败的方面比较多，讲它的历史意义和对中国历史的推进作用比较少。这有认识上的原因，也有时代的原因。曾经参加过辛亥革命的林伯渠同志于1941年在延安《解放日报》上写了一篇文章，其中讲道："对于许多未经过帝王之治的青年，辛亥革命的政治意义是常被过低估计的。这并不足怪，因为他们没看到推翻几千年因袭下来的专制政体是多么不易的一件事。"当年的青年现在如果还在世的话已经九十来岁了。林伯渠同志70年前讲这番话的时候尚且如此，今天的青年对辛亥革命的认识严重不够也就不难理解了。

时代的原因也很重要：辛亥革命虽然取得了很大成功，但并没有从根本上推翻帝国主义和封建势力的统治，中国半殖民地半封建的社会性质并没有改变，人民的悲惨境遇也没有改变。孙中山也总是强调"革命尚未成功，同志仍须努力"。所以在民主革命阶段，包括共产党人在内的先进人士着重强调的常常是辛亥革命并没有从根本上解决问题这一面，以鼓舞人们继续奋斗去夺取胜利。因此，以前对辛亥革命的不足方面讲得比较多是可以理解的。现在，已经过了100年，中国人民已经站立起来并且取得了伟大的胜利，回过头来看，我们自然可以对辛亥革命的历史功绩作出更冷静、更全面、更客观的评价。

把辛亥革命看作是20世纪中国的第一次历史性巨变，它的主要历史功绩至少体现在以下三个方面。

一、辛亥革命开创了完全意义上的近代民族民主革命

这是党的十五大报告中对于辛亥革命的表述。但这句话似乎并没有引起人们足够的注意。说辛亥革命开创了完全意义上的近代民族民主革命，是说它在中华民族的历史发展上提出了新的目标。

近代以来，中华民族遭受到的苦难实在太深重了。中华民族在古代曾经创造过灿烂的文明，但是到近代却大大落后了。鸦片战争是中国近代历史的开端，因为从那时起，中国开始丧失作为一个独立国家拥有的完整主权和尊严，走上了听凭外国殖民者欺凌和摆布的半殖民地道路。此后，中华民族逐渐陷入苦难的深渊。当时，压在中国人心头的有两块巨石，一块是帝国主义的压迫，一块是清政府的反动腐朽统治。

在1894年至1895年的中日甲午战争中，中国战败并被迫签订《马关条约》。此后，民族危机空前加剧。亲历这场事变的革命前辈吴玉章同志在回忆录中写道："这真是空前未有的亡国条约！它使全中国都为之震动。从前我国还只是被西方大国打败过，现在竟被东方的小国打败了，而且失败得那样惨，条约又订得那样苛，这是多么大的耻辱啊！……我还记得甲午战败的消息传到我家乡的时候，我和我的二哥曾经痛哭不止……我们当时悲痛之深，实非言语所能表述。"可见甲午战争对中国人的震动和影响之大。

但事情的发展远没有到此为止。1897年冬，德国出兵强租胶州湾，自此各国纷纷在中国强租领土，划分势力范围。1900年，八国联军入侵中国，世界上几乎所有帝国主义国家联合起来，共同向一个国家发动战争，这在历史上还是第一次。此后，八国联军占领中国的首都——北京长达一年之久，并实行分区管制，居民要分别悬挂占领国的国旗。这种耻辱，不能不深深刺痛中国人的心。90年后邓小平同志还谈道："我是一个中国人，懂得外国侵略中国的历史。当我听到西方七国首脑会议决定要制裁中国，马上就联想到1900年八国联军侵略中国的历史。七国中除加拿大外，其他六国再加上沙俄和奥地利就是当年组织联军的八个国家。要懂得些中国历史，这是中国发展的一个精神动力。"接下来的1904年至1905年，日本和沙俄为了争夺在华利益，在中国东北进行了一场日俄战争，给中国人民带来巨大灾难。中朝两国历来唇齿相依，唇亡齿寒。1910年，日本正式吞并朝鲜，又给了中国人很大的刺激。中华民族已到了濒临灭亡的边缘。

长期以来，清政府以"天朝大国"自居，许多国人盲目自大、安于现状。

即便鸦片战争后，中国已开始沦为半殖民地，但一般人的认识还很不足，危机意识不强。1894年甲午战争前夜，郑观应在其名著《盛世危言》中看到"时势又变，屏藩尽撤，强邻日逼"的严重局面，觉得需要危言耸听地提出一系列改革主张，但是在书名中一定要加上"盛世"两字，不敢说已是"衰世"，不然受到的压力就太大了。1894年，孙中山成立了兴中会，第一次提出了"振兴中华"的口号。第二年，改良派的严复写了一篇《救亡决论》，最先喊出"救亡"的口号。陈天华在《警世钟》中说："要革命的，这时可以革了，过了这时没有命了"，反映出当时中国人那种焦虑和急迫的心情。

我们再来看看清政府的状况。八国联军入侵中国后，流亡西安的清政府发出一道上谕，宣称要"量中华之物力，结与国之欢心"。此时的清政府已俨然成为一个"洋人的朝廷"。清政府还是一个极端专制的政府。在民怨沸腾、革命高潮日益逼近之际，清政府于1908年颁布的《钦定宪法大纲》的第一条就是："大清皇帝统治大清帝国，万世一系，永永尊戴。"它还规定国家颁布法律、召开议会、调集军队、对外宣战、签订条约等权力都集中在君主手中，特别强调"宣战、讲和、订立条约及派遣使臣与认受使臣之权。国交之事，由君上亲裁，不付议院议决"。可见，即使已到了穷途末路，清政府依然坚持那种极端专制的制度。甲午战争前，清政府每年的财政收入大体在白银八千万两。而甲午战争失败后向日本的赔款就达两亿三千万两白银，加上分期缴付所需利息，相当于三年的全部财政收入。《辛丑条约》按照人均一两白银的标准，规定中国向列强赔款四亿五千万两。这些钱从哪里来？一方面，清政府大量举借外债，这大大加深了对列强的依赖；另一方面，只能加重税收、加紧搜刮国民。至宣统三年，国家的财政收入猛增到三亿两白银。当然，这不是生产发展而只能是加紧剥削的结果。

如何改变这样的危局？中国的出路在何方？太平天国运动、义和团运动、维新变法等许多尝试最终都以失败告终。此时，以孙中山为代表的资产阶级革命派登上了历史舞台。他不仅首先提出了"振兴中华"的口号，而且组建成立了同盟会，提出了"民族、民权、民生"三大主义。也就是要实现民族独立、民主政治、民生幸福，并且要通过革命的手段来实现。这在当时是最进步的思想，反映了时代的要求和人民的愿望。所以，毛泽东同志说过："中国反帝反封建的资产阶级民主革命，正规地说起来，是从孙中山先生开始的。"尽管孙中山的思想中有着空想的成分，并没有找到实现这些目标的具体道路，但这些目标的提出毕竟激励了不止一代的中国人为之奋斗。辛亥革命没有完成这个任务，但它的历史功绩是不可磨灭的。正是在这个意义上，我们一直把自己看作是孙中山先生开创的革命事业的继承者。

二、辛亥革命推翻了统治中国几千年的君主专制制度

中国在君主专制政体统治下经历过几千年的漫长岁月。这是一个沉重得可怕的历史重担。多少年来，人们从幼年起，头脑中就不断被灌输"三纲五常"这一套封建伦理观念，把它看成万古不变的天经地义。"国不可一日无君"。中国君主专制制度的经济基础是封建土地制度，而君主专制制度反过来又从政治上保障维护了封建土地制度。君主仿佛代表天意，站在封建等级制度的顶巅。《红楼梦》里的王熙凤有一句名言："舍得一身剐，敢把皇帝拉下马。"可见在那个时候，谁要是想"把皇帝拉下马"，就得要有"舍得一身剐"的勇气，一般人是连想都不敢想的。而辛亥革命砍掉了皇帝这个封建社会的"头"，整个旧秩序就全乱了套。从此以后，从北洋军阀到蒋介石南京政府，像走马灯那样一个接一个登场，旧社会势力却再也建立不起一个统一的比较稳定的政治秩序来。这样的状况和辛亥革命以前显然不同。

有人评价辛亥革命导致了中国军阀割据，社会更加混乱。似乎革命徒然造成社会的混乱，妨碍了中国现代化的实现。这其实是一种目光短浅的看法。实际上，辛亥革命将清政府打倒后，旧势力只能靠赤裸裸的野蛮的军事统治，显然这是无法持久的。而且，军阀混战使旧统治势力四分五裂，也有利于以后人民革命的开展。所以尽管军阀混战对中国人民的伤害极大，但如果从稍长时段的历史眼光来看，这种动荡和阵痛是社会转型期常需经历的过程。可以说，辛亥革命在这方面正给以后中国人民革命的胜利打开了道路。

三、辛亥革命带来了民主意识的高涨和思想的大解放

民主意识就是指国民对自己在国家中所处地位的认识。在封建君主专制的社会里，一切都是皇帝"乾纲独断"，老百姓根本谈不上有对国家建议和管理的权力。戊戌变法前的"公车上书"当时在全国引起很大震动，但上书的都是有功名的举人，并且由于都察院拒绝代递，所上之书也没有能送达朝廷。辛亥革命后，临时政府公布了《中华民国临时约法》，孙中山特别提出要写上"中华民国之主权属于国民全体"，这是他最看重的一点。虽然中华民国并没有给人民带来当家作主的现实，但民众的心理发生了很大变化，觉得自己是国家的主人了。民国成立后，各种政治团体纷纷成立，报纸杂志空前活跃，

群众活动多了。可以这样说，没有辛亥革命就没有五四运动，因为如果没有辛亥革命创造的这种社会氛围和民众心理状态，五四运动很难发生。另一点是思想的解放，辛亥革命将过去被看得至高无上的皇帝推翻了，连皇帝都可以打倒，那么，还有什么陈腐的过时的东西不能怀疑、不能推倒呢？陈独秀在《新青年》写了一篇《偶像破坏论》说："其实君主也是一种偶像，它本身并没有什么神奇出众的作用，全靠众人迷信他，尊崇他，才能够号令全国，称作元首。一旦亡了国……比寻常人还要可怜。"五四运动时期对许多旧事物的怀疑和批判，同辛亥革命带来的思想解放有很大关系。

从近代历史上说，太平天国洪秀全做了天王实际上还是皇帝；戊戌变法是想靠一个好皇帝来实现；义和团运动打的还是"扶清灭洋"的旗号。从世界范围来说，世界大国实行共和政体的只有美国和法国，其他的都不是共和政体。辛亥革命在中国建立了共和政体，这件事不能小看。当然，我们还要看到，以孙中山为代表的资产阶级革命派也有严重的弱点和不足。为什么辛亥革命这样一场全国规模的革命运动，并不能改变中国半殖民地半封建的社会性质和人民的悲惨境遇？第一，它没有一个明确的反帝反封建的革命纲领，对帝国主义和封建主义都没有足够的认识，许多人认为推翻清政府后革命就成功了，失去继续前进的方向和动力，妥协心理上升为主流，导致革命半途而废。第二，它没有广泛地发动并依靠群众，特别是占中国人口绝大多数的工农大众。辛亥革命的主干力量是受过近代教育的爱国青年。他们在会党和新军中做了许多工作，开展了有力的革命宣传，博得了相当广泛的同情。这是武昌起义后能够迅速得到多数省响应的重要原因。它在一定程度上发动了群众，所以能取得一定的成功。但它并没有能依靠和发动占中国人口绝大多数的劳动群众，特别是在农村没有一个大变动。而没有中国最广大的农民参加和支持，在强大的帝国主义和封建势力面前就觉得自己势单力孤而易于妥协，这是它失败的重要根源。第三，同盟会是一个相当松散的组织，成员复杂，当革命取得初步胜利后，内部就四分五裂，无法形成一个把革命推向前进的坚强核心。归纳起来就是一句话，没有一个能提出科学的明确的革命纲领、能依靠和发动最大多数群众、由有共同理想和严格纪律的先进分子组成的坚强有力的党。因此，尽管辛亥革命取得了那么大的成绩，但仍没有解决根本问题。这也促使许多投身过这场革命或受到它影响的爱国者不能不严肃地重新思考国家社会的许多根本问题，寻找新的出路。

走了第一步，就会有第二步和第三步。辛亥革命的胜利和失败，从正反两个方面，为五四运动的兴起，为马克思主义在中国的传播，直到中国共产党的建立，准备了重要的条件。

历史事件是一步一步走的。中国的近代史就好像接力跑一样，后来的人以前面跑到的地方作为起点，接棒，然后又远远地跑到前一个人的前面去。从辛亥革命到中国共产党的建立这10年的历史，是不断探索、不断在矛盾中前进的历史。它留下的经验教训，不仅使我们了解共产党建立的必然性，而且对我们今天仍有重要的启示。

对辛亥革命的研究，已经取得众所公认的突出成绩。但有一个问题仍是很值得注意的：中国版图辽阔，人口众多，情况复杂多样。各个地区的自然环境、社会结构、文化传统、风俗习尚等等，都有很大的差异。辛亥革命是一场全国规模的革命运动，它的发展在各个地区并不是以同一模式再演。共同性和差异性同时存在，这在研究中国各个时期历史时都需要重视，对辛亥革命的研究也是如此。如果目光只集中在少数最引人注目的地区，很容易有简单化的缺陷，不足以完整地表现出这场革命的全貌，也难以看清这场革命在整个中国造成怎样的历史性巨大变化。

分省研究还有一个好处，就是便于比较。这部丛书的内容几乎涵盖了全国绝大多数省区。中国各地的情况复杂多样，丛书各卷分别对这些省在辛亥革命前的社会状况、哪些社会力量发动了当地的革命、清朝疆吏是如何应对的、革命引起了哪些巨大的社会变化、旧社会势力怎样反扑等等，都有相当详细的描述和分析。这就便于进行比较研究：从相同的地方可以加深对这场革命共同规律的理解，从不同的地方又可以看到各个地区的不同特点，这就是中国的实际国情。不作这种比较，既难更深入地把握住这场革命的发展规律，也难以看到各个不同地区的特点。所以，这项工作对推进辛亥革命研究走向深入有着不可替代的作用。这是我长期以来一直期待着的。

但是，要进行这样全国性的大协作谈何容易。我很钦佩人民出版社和各省人民出版社有这样的眼光，下决心齐心合力来从事这项巨大工程。由人民出版社和17家地方人民出版社共同策划并组织出版的这套《辛亥革命全景录》丛书，在新闻出版总署支持下，列入国家"十二五"规划重点出版项目。其中，《共和大业——聚焦1911年》作为综合卷，总述辛亥革命的全过程；地方卷几乎每省一册（《直隶惊雷——辛亥革命在京津冀》包括了今天的两市一省）。这样，便全方位地概述了辛亥革命在各地的发展（可惜缺少了新疆、广西、福建和东北）。

承担了这项任务的出版社都把这项工作放在十分重要的地位，各社社长担任丛书的编委会委员，亲自抓，称为"社长工程"。编委会先后召开三次编辑工作会议，确定：作为历史性纪实丛书，内容必须真实、准确，不得虚构；图文并茂，注意可读性；还制订了丛书的装帧设计方案和印刷技术标准等。

丛书作者都是年富力强、学有专长的本地学者。书稿重点突出地方特色，对辛亥革命中的全局性活动及跨界活动，不写或只作简单的交代。由本地学者写本地事件，有许多优点：史料搜集相对较易，除充分使用现存的文学资料外，作者还亲历有关历史遗迹，走访当事人及其后代，收集整理了不少口述史料，经认真考证后使用，使本书提供了较多新的资料。为了做到图文并茂，责任编辑协助作者查阅大量档案资料，找到不少以往鲜为人知的珍贵历史图片，为丛书增色不少。

总之，这是一部集体努力的产物，必须归功于人民出版社、各省人民出版社和当地专家学者。我所做的工作很少很少，由出版社邀约而承担了主编的名义，主要是表示对这项很有意义的工作支持和能够顺利完成的兴奋。我很希望各界学者能够充分利用这部丛书的成果，并且指出它的不足之处，以便把辛亥革命研究更有力地推向前进！

目录

第一章 辛亥革命前的山西 ……………………………………… 1

第一节 水深火热中的山西人民 ………………………………… 3

第二节 山西人民的反帝抗暴斗争 ……………………………… 7

第三节 资本主义在山西的出现

新思想在山西的传播 ……………………………………… 12

第二章 山西同盟会的革命活动 …………………………………… 21

第一节 同盟会山西分会的成立

和南响北应战略的制订 …………………………………… 23

第二节 山西同盟会员在日本的活动 …………………………… 27

第三节 山西各界争回矿权的斗争 ……………………………… 33

第四节 留日学生和同盟会员

声援山西争矿运动的壮举 ………………………………… 42

第五节 太原同盟会员掌握武装力量的活动 …………………… 49

第六节 山西同盟会员对巡抚丁宝铨的斗争 …………………… 54

第七节　同盟会在晋北的活动和发展 …………………… 60
第八节　同盟会在归绥地区的活动和发展 ………………… 64
第九节　景梅九和井勿幕的"秦晋联盟" ………………… 67
第十节　同盟会在晋南、晋中的活动和发展 …………… 71

第三章　太原新军起义和山西军政府的成立 …………… 73
第一节　起义前的太原形势 ………………………………… 75
第二节　太原新军起义成功，清王朝在山西的政权
　　　　被摧毁 …………………………………………… 79
第三节　山西军政府成立 …………………………………… 88
第四节　藩库被抢，民商遭殃 ……………………………… 91
第五节　恢复秩序，布告安民 ……………………………… 94

第四章　吴禄贞与阎锡山共组燕晋联军 …………………… 99
第一节　山西民军驻守娘子关 ……………………………… 101
第二节　吴禄贞与阎锡山组成燕晋
　　　　联军，山西民军开进石家庄 …………………… 102
第三节　燕晋联军总司令吴禄贞被刺 ……………………… 110
第四节　山西军政府练兵筹款迎接新的战斗 ……………… 116

第五章　清军复入太原　山西民军分兵南北 …………… 121
第一节　吴禄贞被刺后清廷
　　　　和山西民军的态势 ……………………………… 123

目录

  第二节 清军攻占娘子关……………………………………127

  第三节 山西民军分兵南北…………………………………132

  第四节 清军入据太原，卢永祥部残害百姓…………………136

第六章 忻代宁公团的成立和大同起义……………………141

  第一节 忻代宁公团的成立…………………………………143

  第二节 民军北取雁门关……………………………………147

  第三节 大同起义与军政府的成立…………………………150

  第四节 大同的攻守战与和议………………………………154

  第五节 清军暴行和宋世杰二次光复大同…………………161

第七章 晋南的光复……………………………………………163

  第一节 平阳府不战而克……………………………………165

  第二节 民军隘口失利，清兵复据平阳……………………169

  第三节 秦陇复汉军光复运城………………………………172

  第四节 河东军政分府的成立与北伐平阳…………………180

第八章 归绥道两次起义与山西民军在包、萨……………185

  第一节 太原起义后的归绥道………………………………187

  第二节 包头部分清兵起义与樊恩庆的残酷镇压…………189

  第三节 丰镇起义的失败……………………………………193

  第四节 民军进克包头和萨拉齐………………………………197

  第五节 民军转进托克托，阎锡山南归受阻………………201

第九章　哥老会的革命活动与各州县归附革命······205
第一节　晋南哥老会的革命活动······207
第二节　全省各州县的归附革命······210

第十章　南北议和与阎锡山执掌山西政权······215
第一节　南北议和与袁世凯的阴谋······217
第二节　阎锡山执掌山西政权······221

第一章 辛亥革命前的山西

第一节 水深火热中的山西人民

第二节 山西人民的反帝抗暴斗争

第三节 资本主义在山西的出现
　　　　新思想在山西的传播

第一节　水深火热中的山西人民

鸦片战争以后，中国逐步沦为半殖民地半封建社会。在帝国主义和封建主义的双重压迫和剥削之下，阶级矛盾和民族矛盾日益加深。山西也和其他各省一样，广大城乡人民在水深火热之中过着饥寒交迫的日子。

光绪三年（1877年），山西发生了一次百年不遇的大旱灾。这年，自春至夏数月无雨，冬麦枯死，秋田不能下种。晋南的平阳府（今临汾市）、蒲州（今永济县）、解州（今属运城市）、绛州（今新绛县）、霍州（今霍州市）、隰州（今隰县）等六个府州及其所辖各县，赤地千里，颗粒无收；太原府（今太原市）、汾州（今汾阳县）、泽州（今晋城市）、潞安府（今长治市）、沁州（今沁县）、辽州（今左权县）及其所辖各县，灾情类似；寿阳、盂县一带，雹灾很重；只有大同、宁武、忻州（今忻州市）、代州（今代县）、保德州（今保德县）等少数州县略有收成。这次旱灾持续三年之久，重灾区达八十余州县。面对这样严重的灾情，腐败的清政府既不能预防于前，又不能有效地救济于后。当时的清廷户部尚书阎敬铭（陕西朝邑人）作为钦差与山西巡抚曾国荃（湖南湘乡人，曾国藩之弟）专负赈灾之责，虽然发放了不少粮款，但杯水车薪，无济于事。结果，数以千万计的穷苦百姓被饿死，约占全省总人口的半数。光绪三年（1877年）遭灾前，全省共有1643.3万人，经过灾后七八年的休养生息，到光绪十三年（1887年），全省人口只有1065.8万人，较十年前仍减少1/3以上。①

原来属于外国人信奉的天主教，于1620年传入山西，到1845年，全省教徒约有8000—9000人，教堂只有两所。外国传教士趁山西人民处于水深火热之时，借救灾之名，扩大了天主教、基督教在山西的势力。经过救灾，基督教公理会于光绪九年（1883年）创立于太谷，势力扩张到晋中各县。天主教

---

① 山西省政协文史资料研究委员会：《阎锡山统治山西罪恶史》（油印本）。

晋省风雷

则遍及全省南北，教徒共有22000余人。①外国传教士，于1840年以后，凭借帝国主义的势力，在各地为所欲为。有些不法教民又假借外国传教士的势力，在当地包揽词讼，霸占良田，奸淫妇女。官厅对外国传教士畏之如虎，群众对外国传教士和部分不法教民则恨之入骨。结果，随着义和团反帝运动的兴起，山西于1900年也掀起了毁教堂、杀洋人、杀教民的风潮。

义和团运动遭到帝国主义国家俄、德、法、英、美、日、意、奥八国联军的镇压，清政府被迫签订了屈辱的《辛丑条约》。条约规定清政府要严禁人民反对外国侵略，拆毁大沽炮台，允许帝国主义国家在北京到山海关的铁路沿线驻兵，划北京东交民巷为"使馆区"，又勒索赔款白银45000万两。这笔赔款规定在四十年内付清，加上4厘年息，共达98200万两有零。再加上各省的地方赔款，总数在10亿两以上。帝国主义强迫我国以海关税、盐税和常关税（内地关税）作保证。但是，只靠这些税收还不够数，因为还有旧的赔款要偿付。因此，清政府每年又向各省摊派2000万两，以补赔款之不足。

由于山西也卷入了所谓的"教案"，因此山西还得负担地方赔款。1901年4月，岑春煊继任山西巡抚，委任以媚外闻名的沈敦和为山西洋务局总办，专门办理"教案"。他协助岑春煊制订和公布了《清理山西教案章程》十八条，成为帝国主义分子向山西人民进行讹诈的依据。在北京的英美传教士推派代表文阿德、叶守真、敦崇礼等八人于7月到并，与洋务局谈判，签订了《议

《辛丑条约》签字图

---

① 郭继汾：《天主教在山西之创始及其发展》，《山西文史资料》第2辑。

结教案合同》等许多赔款的具体条款。意国公使所管太原及省北天主教，勒索100万两；法国公使所管省南和口外天主教，勒索140万两；耶稣教各教会勒索23.3725万两；合计263.3725万两。此外，还有李提摩太提出"办学堂"的"罚款"50万两，天主教临时向地方政府的借款30万—40万两，修教堂、修坟墓又用去数万两，还有接待他们的各种花费。①加上这些款项，山西人民的负担就更重了。

慈禧太后和光绪皇帝由北京逃亡西安，也给山西人民带来深重的灾难。"八国联军"于1900年农历七月十九日攻入北京，慈禧太后、光绪和一些皇族、大臣，仓皇离开紫禁城，出德胜门经昌平、居庸关，于八月初三日进入山西天镇县，又自天镇经大同到太原，逗留二十余日，南下经永济过风陵渡前往西安。这一群逃亡之徒，在山西境内共经过二十余县，历时两月有余。他们初入省境的时候，人数还不是很多；但为时不久，皇室贵胄以及文武大员岑春煊、马福祥、马玉崑等即率所谓勤王军陆续赶来保驾，由太原南下，扈从官兵已经逾万。招待万余人食宿已非小事，而各县又都须按站设置行宫。行宫要以黄缎饰墙，毡毯铺地，街头要张灯结彩。慈禧与光绪每餐必用满汉酒席，

岑春煊

李提摩太

---

① 乔志强：《帝国主义办理山西"教案"的讹诈罪行》，《山西文史资料》第2辑。

晋省风雷

山珍海味，每桌 108 件。太监和大臣，也都须以上等酒席招待。穷奢极欲，耗费惊人，仅曲沃一县即用白银 30 余万两。至于太监和官员们更是借机敲诈，中饱私囊，行宫内的古玩字画等都被他们劫掠一空。为此，徐沟县知县密昌墀曾拦驾控诉，结果被岑春煊诬为疯子，参奏革职。[①]扈从军队纪律败坏，扰害地方，抢劫奸淫亦时有发生。

[①]《阎锡山统治山西罪恶史》（油印本）。

第二节　山西人民的反帝抗暴斗争

帝国主义的侵略和清政府的压迫、剥削，激起了山西人民的反抗。

咸丰元年（1851年）爆发的太平天国革命，虽然以江南为活动中心，但也波及晋省。1866年捻军小梁王张宗禹率部由吉县进入晋南，许多群众参加捻军，进行了反对清政府的斗争。

光绪四年（1878年），又爆发了以熊六为首的朔州农民起义。熊六是朔州大涂皋村人，家境贫寒，为人佣工，后来参加白莲教，收徒布道，团结了广大群众。光绪三年大旱时，熊六利用白莲教的关系，动员教友中的富户捐粮救灾，仅李鸿一家即捐粮600余石，灾民赖以存活者不止万人。当时的官府对灾民漠不关心，还要逼索田赋，一般灾民为了避赋就食，扶老携幼投靠熊六者，一月之内即达500余人。从此，教徒日多，声势日大。熊六为了防范官府，令教徒砍伐桦木棍，备作武器。光绪四年（1878年）农历正月初一，教徒趁拜年之机，诉说清政府的残暴，情愿拥戴熊六率众起义。熊以实力不足，未敢应允。朔州知州姚官澄闻讯，恐事态扩大，派人劝令解散，未果。正月初九日，姚派武术教师张、李二人率兵出发，企图活捉熊六，解散教徒。他们行至白泉村，遭到教徒高六八、谢三保等人的抵抗，在搏斗之中，被赶来的成群教徒打得四散而逃。张、李二教师当场被俘，教徒用铡刀将他们铡为两段。熊六见事已至此，遂宣布起义，并被推为首领。他以殷开国为军师，殷甲辰、熊喜增为左右统领，招贤纳士，训练徒众。因为大涂皋村的乡绅聂广德抗不送粮，二月初三日首先向他家兴师问罪，烧毁房屋，将粮食满载而归，救济灾民；又惩罚了停止营业、垄断粮食的南磨村当铺，并将盘道梁外委（驻防武官）击毙；行至阳方口，将把总衙门的官兵驱散，夺得铁炮两门。乡绅聂广德家被烧后，即到城中告密。知州姚官澄具文上报，大同镇总兵命令驻岱岳镇之葛都司率骑兵五哨、步兵一营，经大涂皋村向白泉村进攻。手持桦木棍的教徒，奋勇抵抗，伤亡枕藉，熊六、殷开国等被俘。姚知州与葛

晋省风雷

毙贤

都司回城后，将熊六、殷开国等判处死刑，枭首示众。一场轰轰烈烈的农民运动被镇压下去了。

光绪二十六年（1900年）夏，义和团传入山西，很快发展到各府、州、县。山西巡抚毓贤于农历三月到任后，接受慈禧太后的密旨，对义和团极力支持，除了以自己所带的团队数人充当拳术教师在抚衙前设坛教练外，并令机器局赶制快刀200把，准备油柴等引火之物。农历五月初，大同、榆次等地开始发生焚烧教堂的事件，但未杀伤教民。太原因有官府的支持，所以反对教会和教民的活动最为激烈。他们将东夹巷教堂、桥头街教会、海子边教会的外国主教、牧师、司铎以及由寿阳解来的外国传教士7人，连同本城教民共计男女86人，集中在天平巷铁路公局，派兵看守。农历六月十三日，毓贤命令将这批人押到巡抚衙门前，亲自宣布他们的罪状，把86名外国传教士和中国教民当场全部杀死（见《毓贤奏折》）。

义和团的反帝斗争遭到了八国联军的血腥屠杀，腐败无能的清政府又一次向帝国主义乞降。在经济方面便是"量中华之财力，结与国之欢心"，在政治方面则是对革命群众的严厉镇压。山西同全国一样，各地的义和团组织被解散，首领被残杀或被监禁。就是在统治集团内部，凡支持过义和团的官吏也都受到惩办。

1901年4月29日（农历三月十一日），清政府将山西归绥道郑文钦和阳曲县前任知事白昶斩立决；山西汾州府知府徐继孺、署归化城同知郭之枢、隰州知州崔澄寰、忻州知州徐桂芳、曲沃县知县王廷英、河津县知县黄廷光、大宁县知县曾季风、寿阳县知县蔡鉴湖、太谷县知县胡德修、孝义县知县姚学康、太原城守营都司石凤岐均被革职，发往极边，永不释回。山西归化城副都统金成、泽州府知府陶家驹、潞城县知县璧理、高平县知县于岱霖、长子县知县恩顺，均被革职，永不叙用。

1901年6月11日（农历四月二十五日），清政府又令山西省之太原府、忻州、太谷县、大同府、汾州府、孝义县、曲沃县、大宁县、河津县、岳阳县、朔平府、文水县、寿阳县、平阳府、长子县、高平县、泽州府、隰州、蒲县、绛州、归化城，均停止文武考试五年。①山西巡抚毓贤初被革职遣戍新疆，中途又诏令就地正法，1902年2月22日被斩决于兰州。一场轰轰烈烈的反帝运动又被镇压下去了。

1901年11月，高平县爆发了铁匠牛文炳领导的反教会压迫、反捐税斗争。《辛丑条约》强加给中国人民的"赔款"和"地方赔款"都随地丁附加在人民身上。除此之外，山西地方政府又巧立名目，在征收各种货物厘税之外，又有所谓"地亩税"、"善后绅富捐"等。高平、晋城、阳城等县手工制铁业极盛，农民在农闲期间多兼作铁活。高平县知县高凌霄与富绅地主相勾结，将捐税都加在群众身上。据光绪二十八年正月十二日岑春煊奏折称："议定将'善后绅富捐'摊派各里，上里派钱三百五十千，中里二百五十千，下里一百五十千。亩捐之外，复派此捐，小民力薄，遂起怨声。"于是，农民和手工业者由铁匠牛文炳率领，在各村散发"鸡毛传单"和"告白"，其中有苛捐杂税使"小民身家何以活"，要与统治者"决一死战"等语。1901年11月30日，高平县东关下庙河聚集的各村群众数千人，进入县城示威，要求免除各种新添捐税。知县不敢正面反对，诡称可出"免捐牌示"。群众揭露了他的阴谋，勒令他写出"永免各捐示谕"，并在告示上加盖印信，方才解散。同时，群众还救出被关押的义和团首领贾黑汉等六人，又烧毁洋教士的房屋。知县当时虽然答应"免捐"，但不久山西巡抚岑春煊就派兵镇压了这次斗争，牛文炳等三人被杀害。

1903年，永济县又发生了群众反对柿酒税的斗争。永济县农民多栽柿树，用柿酿酒，向不纳税。1903年，知县项则龄规定每口酒缸，抽银十两，卖酒一斤，抽制钱八文，而每斤柿酒只值十二文。差役催征急如星火，群众数千人遂于农历九月二十九日蜂拥进城，要求免税。知县派马队击毙群众二人，

---

① 原载《京报》，转引自《山西文史资料》第4辑《旧报重辑》。

晋省风雷

愤怒的群众将县衙门捣毁。知县逃走。蒲州府知府一面允许停征酒税，一面却将群众首领仝揆文等监禁。①

1905年，晋南又连续发生了几起哥老会（又称江湖会）反对政府和贪官污吏的斗争。

哥老会是中国近代民间会社之一，是天地会的一个分支。咸丰年间，晋人在南方服役时，有参加哥老会的，退役时将此组织带回山西，但人数不多，活动亦少。光绪三年（1877年）黄河流域遭受大旱后，豫、鲁灾民相率来到晋南，哥老会势力大增，尤以平陆、猗氏两县为甚。1900年，担任镖师的猗氏西张岳村人岳长胜加入哥老会，建立起中条山堂，其"四柱"名称为：中条山，金花堂，汾河水，道德香。联起来读为："自古中条万里长，盘古永济金花堂，五老绕起汾河水，福寿康宁道德香。"岳长胜被推为山主，即总正龙头大爷。他们宣传反清复明，不到半年，即有近万人入会，其中有以教书为生的秀才岳望南、童生高海峰、武秀才史雪彦等。到1903年前后，晋南无县不有哥老会，无村不有洪汉军（哥老会的武装组织），尤以平、蒲、解、绛为多，出名的有曲沃靳殿华、陈方金，侯马钟仁义、钟天义，浮山陈彩彰，平阳杜登山等。此时，由于岳长胜忙于整个山堂的领导工作，不能直接料理猗氏会务，遂与岳望南、高海峰等决定邀请师永谦入会，并由他主持猗氏会务。师因其父被清吏迫害自缢而死，怀有强烈的反清思想。入会后，制订戒约："凡会友之乡里不得扰及，会友之亲戚须相保护，有犯者，众罚之。"从此，猗氏哥老会纪律严明，组织坚强。1904年，湖南哥老会酝酿起义，事泄被镇压。各地哥老会图谋复仇，岳长胜决定中条山堂伺机起义。在准备起义的过程中，猗氏、平阳、闻喜、绛州等地的哥老会即开始惩处土豪、劣绅、奸商、酷吏。山西巡抚张曾扬闻讯，即派"能吏"陆叙钊出任猗氏知县，进行镇压。1905年7月8日（农历六月初六日），临晋县城举办古庙会之际，一哥老会员酒后失言，泄露起义秘密，被运城盐捕营逮捕并杀之于安邑。之后，清政府在晋南各县进行大搜捕。运城盐捕营管带管世英（猗氏管家堡人）带兵回县，设计诱捕了高海峰、岳望南和史雪彦，于7月14日（农历六月十二

---

① 乔志强：《辛亥革命前的十年》，山西人民出版社1987年版，第102页。

日）将他们杀害于解州。从此，各县开始了大捕杀，安邑在农历六月间，两个刽子手在三天内就杀死哥老会员和平民50余人。在猗氏，陆叙钊亦将师永谦诱捕，并于7月25日杀害于猗氏南门外。《清实录》称陆叙钊在猗氏，天天捕人，"无日不杀"，哥老会几乎损失殆尽。岳长胜当时在豫西一带，闻变后由豫入陕。①

1906年，左云县又发生了群众反对教会压迫的斗争。原来左云县雕落寺村，由赵喜元等人于1905年共同开办煤窑一座，后由教民陈四喇嘛经营。从前群众贩运煤炭，一驮可赚钱一二十文，并可使用窑口碎炭，陈四喇嘛剥夺了群众的这些利益，引起不满。平常以烧香、治病联系着广大群众的赵拮和范敖，便与群众计划反抗。传教士得知后，诬告群众是义和团，要县知事予以惩办。1906年8月18日，群众赴教堂示威，由于传教士已躲进城内，群众遂头扎黄巾，手执旗帜，结队进城，到县衙前抗议教会的压迫，当晚宿于城内大庙中。当时正有"游历"的德国人裴特勒到县。他与传教士和知县密谋后，第二天（8月19日）带领县防军冲入庙内，向群众开枪，当场击毙群众12人，赵拮与范敖亦在其内。山西巡抚恩寿闻报，不但不处治凶手，反诬群众为"土匪"，并监禁了一部分人。②

此外，在归绥道蒙旗以及内地还有些小规模的反抗行动。所有这些起义都是自发的、孤立的，都被反动的清政府镇压下去了；但是人民反抗的怒火并没有熄灭。这就为后来的辛亥革命打下一定的群众基础。

---

① 耿文宽：《哥老会与运城光复》，载山西文史馆编：《山西辛亥革命资料选编》（上）。
② 乔志强：《辛亥革命前的十年》，第103页。

晋省风雷

第三节 资本主义在山西的出现 新思想在山西的传播

19世纪中期以后，资本主义生产方式正越来越多地在中国出现。沿海一带的上海、广州、天津等城市，近代资本主义工商业出现较早。山西于光绪十八年（1892年）出现了第一个近代工业企业——太原火柴厂，日产火柴500小筒。此厂于1902年由渠本翘接办，改名双福火柴公司。光绪二十四年（1898年），成立了太原机器局，有工匠和学徒百余人，车床等新式机器9部，35马力蒸汽机1部，主要任务为修理枪械。光绪三十二年（1906年），在争矿运动中，刘懋赏等倡议开办保晋矿务公司，筹集股本286.36万元，由渠本翘任总理。1907年，经清政府农工商部批准，保晋矿务公司在太原成立（后迁阳泉），陆续在平定、寿阳、大同、泽州（晋城）等地用机器采煤，并在阳泉开办制铁厂，用新法炼铁。同年10月，正太铁路通车到太原。1908年，太平县（后称汾城县，今合并于襄汾县）人刘笃敬和韩谦等人创办了太原电灯公司。

渠本翘

随着资本主义近代工业的建立，山西也出现了资产阶级和资产阶级知识分子。义和团运动之后，清政府为了苟延残喘，提倡实行"新政"。废科举，办学堂，就是实行"新政"的内容之一。光绪二十八年（1902年），用庚子赔款创办的山西大学堂，由英国浸礼会教士李提摩太和敦崇礼等主办西斋，并在上海设立了译书院。他们在翻译和教授理科知识的同时，也传播了西方的资产阶级思想。

面对帝国主义瓜分中国的危机，面对即将来临的亡国惨祸，面对腐败无能的清政府，中国的朝野人士都希望变革。他们中的一部分羡慕英国的产业革命和日本的明治维新，希望用资产阶级的一套做法来改造中国。但是，戊戌变法失败了，洋务运动也未能改变中国的落后面貌。另一部分人与此相反，他们主张用革命的办法来挽救中国的危亡，即用暴力推翻清政府的专制统治，建立资产阶级领导的民主共和国。孙中山的兴中会成立了，广州起义却失败了。但这种种思潮，种种消息，传进娘子关以后，却不能不引起山西各界和知识分子的关注。他们众说纷纭，莫衷一是，但主张君主立宪的却比较多。

山西第一个参加民主革命的是临汾人乔义生[①]。1896年，他留学英国伦敦医学院。我国民主革命的先驱孙中山先生于1895年广州起义失败后，经香港、日本，辗转来到英国首都伦敦。清政府把孙视为要犯，派暗探跟踪，设法逮捕，并通知清廷驻外使馆，伺机缉拿。孙中山到伦敦后，即去覃文省街46号看望他学医时的老师、原香港西医书院教务长康德黎先生。康德黎这时在伦敦医学院任教，乔义生是他的学生。康德黎设宴招待孙中山，邀乔作陪。乔因此认识了孙中山，并由孙介绍加入当时的革命组织兴中会。

1896年10月11日，孙中山从寓所出来，欲去看望康德黎，途中突被三个人挟持至清政府驻英国公使馆。公使馆以7000英镑的高价，雇了一艘2000吨的轮船，拟将孙送回国内杀害。

孙中山被囚禁在公使馆三层楼上一个窗上装有铁栅的屋子里，完全与外界断绝了联系。公使馆清洁工英人柯尔同情孙中山，并把孙被囚的情况告给公使馆的女管家豪小姐（Howe，又译贺维）。孙中山请柯尔传递消息，柯尔要价很高。豪小姐闻此情况后，激于义愤，即于当天（10月17日）将一张纸条塞进康德黎先生住宅的门下。纸条上写道："您的朋友从星期天（10月11日）起就被监禁在中国公使馆里，那里想把他引渡回国。此人可能被绞死。这个不幸的人处境非常悲惨，如果不马上采取措施，他将被弄走，而且谁也

[①] 乔义生本姓张，其胞弟张震英曾任上海市文史馆馆员，1987年逝世，其档案所载为安邑县人。台湾《革命人物传》说乔为临汾人。乔过继其姑母家，姑母是否是临汾人，待查。今暂作临汾人。

晋省风雷

无法了解真情。我不便披露自己的姓名,然而所说的全是事实,请相信我的通告。劝君莫失良机,否则悔之莫及。据我所知,他的名字叫孙逸仙。"①

接着,柯尔也通知了康德黎先生。

康德黎闻讯后,为防公使馆将孙中山秘密转移,即雇私人侦探在公使馆周围暗暗保护。因侦探不认识孙中山,康德黎便请乔义生一同前往,日夜在公使馆周围巡视。同时,康德黎又到英国警察署和外交部交涉,但都不得要领;再到公使馆交涉,公使龚照瑗则狡猾地予以否认。康德黎写消息给《泰晤士报》,报纸拒绝刊登。21日,《地球报》记者通过采访,以《革命家在伦敦被诱捕》、《公使馆的拘囚》为题,首先发表了这个消息。这个消息震动了伦敦舆论界,引起英国人的极大不满。清廷驻英公使馆门口,数以百计的同情者高呼"释放孙逸仙"的口号,并有捣毁公使馆的趋势。英国外交部和警察署在社会舆论的压力下,乃向清廷驻英使馆提出交涉。狼狈不堪的公使馆,被迫于10月23日将孙中山释放。这就是孙中山的"伦敦蒙难"。②

在孙中山"伦敦蒙难"中,乔义生带领侦探,废寝忘食,连续六昼夜在公使馆周围巡视,在保护和营救孙中山的斗争中起了重要作用。事后,为了纪念这一事件,康德黎同孙中山、乔义生在伦敦合影留念。但是,乔义生当时与山西知识分子却很少联系,山西在国外的留学生也极少,所以未能扩大影响。

山西大多数知识分子是通过阅读革命书刊接受革命思想的。1903年,上海《苏报》相继发表了邹容的《革命军》与章炳麟的《驳康有为论革命书》。当时,在北京京师大学堂学习的山西学生景梅九(名定成,安邑县人)记述他看了这两篇文章后的思想变化,可以说是山西知识分子思想状态的代表。景梅九说:"壬寅(1902)年的《新民丛报》爱看的,却也不少。忽然上海出来一种《大陆杂志》,痛诋康、梁,说他带有专制臭味,有'游美洲而梦俄罗斯'的话,的确靠不住。随后日本留学生又出了几种杂志,大都主张种族革命;我暗中偷阅,甚合心理,于是把康、梁的议论,看得半文不值了。"他又

---

①《法制日报》1991年3月16日周末版。
②尚明轩:《孙中山传》,北京出版社1991年版,第20页。

说：" 癸卯（1903）秋，上海《苏报》上面，忽然载了一篇《革命军》的文章，是四川邹容作的，论调非常激烈。一时传到北京，我在大学堂阅报处，忽然看见，读了七八行，脑筋已为之震动，几乎不敢往下看。幸而旁边一位同学，也看见了，却说道：'有道理！有道理！'于是乎通通看了一遍，并不作声，暗暗地已被这篇惊天动地的文字，鼓动了从前那复仇的念头来。这本来是中华革命第一声，未免有些迅雷不及掩耳的光景。一时一传十、十传百的沸腾起来，声浪日高一日，日宽一日。那时守旧的老儒俗吏，见了那篇文字，个个咋舌瞪眼，怒气冲天，甚至有痛哭流涕，如丧考妣的。他们都说道：'国家何负于邹某？尔竟丧心病狂，目无君父，一至于此！这样人，不赶快除绝，还了得么？'同时，还有那章炳麟先生的《驳康有为书》，也载在《苏报》，内中革命话很多，最惹人注意的只两句话，就是'载湉小丑不辨菽麦'。论者谓，竟敢直呼御名，明骂皇上，理应斩决。随后听说和邹容一齐定了个监禁罪，都唉声叹气，愤愤不平，说那样大罪，仅仅监禁几年，未免失之过轻。我那时，并没敢赞一辞；但有几个一半赞成一半反对的人，便遭众人的冷嘲热讽；要是完全赞成，怕不登时捉将官里去，断送了头皮。"[1]受到这种启蒙教育之后，1903年冬天，清政府选派第一批36名学生赴日留学，景梅九报名应考，被录取。到了长崎，他们拖着辫子走到街上，被一群儿童讥为"豚尾奴"（长着猪尾巴的奴才），感到又气又羞；到了下关（又名马关），想起中日甲午战争后，李鸿章在此与日本签订了屈辱的《马关条约》，更感到无地自容，一位留学生吟出"可怜万古伤心地，第一难忘是此关"的诗句。这些刺激加速了他走上革命道路的进程。

在东京，景梅九进入本乡第一高等学校。经人介绍，他会见了先于他到日本，正在振武学校（到陆军士官学校学习的，须先进此校学习日语和文化课）学习的灵石人何澄。何在谈话中菲薄康、梁，主张种族革命和政治革命，并说革命还不能公开倡导，只能秘密进行，不过革命书报可以随便买来看，不比中国内地管得严密。景梅九渴望革命，听了这些话，便觉得把他"完全引到革命路上去了"，感到反对革命的话，一点也不中听了。

---

[1] 景梅九：《罪案》，北京京津印书局1924年版，第12—13页。

晋省风雷

　　由于在日本可以随便阅读各种书报,中国学生进行革命活动也比较自由,热衷于革命的景梅九觉得要革命、要改变山西的面貌,就应该要求山西多派几个留学生来。当时山西留日学生只有三个人,除他们两人外,又来了湖北提督张彪(山西人)的儿子张学龄。他俩听说横滨的中国领事是山西富商渠本翘,便去找他,想让他资助学生留学,想不到渠竟说:"三人成众,也就不算少了。"他们碰了一鼻子灰,回到寓所仍不死心,就给太原的报纸写信,劝人留学,又请某名人写了劝人留学的信,印出来散发省内。从此,留学的就日渐多起来了。

　　山西派遣公费留学生开始于1904年秋。这年,山西巡抚张曾扬根据光绪二十七年(1901年)各省可以"选派学生出洋游学"的上谕,以晋省"学识未尽开通,兴学则无堪教习之人,练兵更少精习新操之士,自非选派生徒出洋就学,无以开风气而育人才"为由,请准派学生50人到日本留学。其中20人入普通学校学习各门课程,"以期进求专门实业之学";10人入速成师范学习教授管理等法,"以备开办师范学堂之用";20人学习陆军,"以储常续备军将校之才"。[①]这50名学生是:师范学校的刘懋赏(平鲁)、刘效文(宁武)、兰承荣(大同)、兰承昌(大同)、李光勋(大同)、孟元文(灵丘)、王国祜(新绛)、王和斋(朔县)、尚光霖(晋城)等10人;山西大学堂的李庆芳(襄垣)、卢昌(灵丘)、陆近礼(平定)、冯司直(平定)、耿臻星(浑源)、田汝翼(浑源)、李垣昌(大同)、谷思慎(神池)、荣福桐(太谷)、王用宾(猗氏)、张起凤(猗氏)、杨生贵(晋南)、李镜蓉(河津)、邵修文(安邑)、杨长溶(万泉)、吴淞(沁县)、景耀月(芮城)等20人;山西武备学堂的温寿泉(洪洞)、张瑜(五台)、乔煦(阳曲)、阎锡山(五台)、金凤巢(山东)、顾祥麟(江苏)、黄国樑(陕西)、焦滇(忻州)、张维清(阳曲)、张呈祥(赵城)、王宝善(阳曲)、武滋荣(汾阳)、焦纯礼(忻州)、郭建康、田国琛、李大魁(洪洞)、李伟旃、马开崧(浙江)等20人。后来又续派姚以价(河津人,"价"的发音为"介")、荣炳(阳曲)、王芝芬3人,

---

[①]《山西巡抚张奏选派晋省学生前赴日本就学折》,《东方杂志》第1卷第9期,光绪三十年九月二十五日发行。

1905年又续派孔繁霨（山东）、井介福（襄陵）、王炳潜3人。自费到日本留学的还有解荣辂（万泉）、刘绵训（猗氏）、荆育瓒（猗氏）、梁善济（崞县）、梁成哲（清源）、崔廷献（寿阳）等人。1905年到日本留学的还有冀贡泉（汾阳）、田湜（汾阳）、崔潮（赵城）、宋维城。以后到日本留学的就更多了。他们到东京后，分别进入两所为中国留学生特设的预备学校，学文的进入神田经纬学校，学武的进入振武学校。山西留学生组织了同乡会，景梅九当选为会长。何澄和景梅九劝新来的学生剪辫子，因为清政府不让剪辫子，日本人又骂留辫子的中国人是"豚尾奴"，所以敢于剪辫子便是革命的表现；他们同时还进行革命活动。①

这些留学生在山西时，听到的政论主要是君主立宪、变法维新那些改良主义的东西，接触到的革命书刊极为有限。但在东京，不仅可以听到革命宣传，而且《革命军》、《驳康有为书》、《猛回头》、《警世钟》等鼓吹革命的宣传品都可以公开阅读。这使他们的眼界日益开阔，思想逐渐倾向革命。

1905年8月13日，孙中山由欧赴日，在东京富士见楼对中国留日学生发表了抛弃君主立宪、把中国建成共和国的演说。他批判了康、梁的在目前"只可立宪，不能革命"，"不能躐等而为共和"的庸俗进化论观点；指出"救中国要从高尚的（指革命）下手，万莫取法乎中（指立宪）"，"我们要立宪，也是要从人家手里夺来，与其能夺来成立宪国，又何必不夺来成共和国呢？"他说："我们生在中国，正是英雄用武之时"，要"鼓吹民族主义，建一头等民主大共和国，以执全球的牛耳"，"中国要由我们四万万同胞兴起。……我们放下精神说要中国兴，中国断断乎没有不兴的道理。"②这次讲话使许多人受到深刻的教育，一些山西留日学生，也听了孙中山先生的讲话，并很快传到山西一些激进青年中，形成一种思潮。这些人中有谷思慎、王荫藩、王用宾、景耀月、景梅九、荣福桐、何澄等人。

为了宣传革命，景梅九等人取"晋话"与"进化"谐音，创办了山西留日学生同乡会的刊物——《第一晋话报》。它的目的，据景梅九在《罪案》中

---

① 以上除名单外，均见景梅九所著《罪案》。
② 《孙中山全集》第1卷，中华书局1981年版，第277—282页。

晋省风雷

说,是"输入文明,改良社会"。《第一晋话报》发表的文章,有的揭露帝国主义侵略给人民造成的苦难,有的提倡尚武爱国以挽救国家的危亡,还有的暗示造成亡国惨剧的祸首,就是"上头"那些统治者,应该革他们的命。第三期署名竹崖个人的《读晋话报谣》写道:

> 如今世事非从前,全赖人为不赖天;生存竞争似烈火,优胜劣败理如山。自从洋人过海来,东南到处有余哀;何幸山西僻在北,中间多年未被灾。转眼山西忽大变,到处都有洋人面;矿山几乎尽被吞,铁路回头又割半。路是山西人之脉,矿是山西人之血;路亡矿尽不多时,坐看山西种全灭。嗟我同乡知未知,洋人究竟欲何为?要把我辈作牛马,鞭打刀割任意施。呜呼危亡在旦夕,即今不起永无日。

它还写道:

> 如今中国愈益危,军国大事日日非;安南台湾原我有,不见黄龙上国旗。还有租借地日宽,胶州威海大连湾,香港澳门旅顺口,暗射图中齐变颜。黄河流域德人据,长江流域英人盘,惟有山西称最僻,尚在俄人势力圈。况且辽东日俄战,堂堂三省遭糜烂;战后情形不可知,大约不出洋人算。我闻洋兵

景梅九

过处传,男被杀伤女被奸,母啼妻号儿女叫,听者不痛无心肝。古来中国强如虎,洋人闻之舌也吐;如今东方一病夫,倒卧床头任人侮。一从人来欧罗巴,苦海无边又无涯,十字架间一腔血,沦为祸水浸中华。沉沉睡狮何日醒,危乎一发神明种;中国于此将不国,山西因之也不省。

这是一篇血和泪的控诉,意在唤醒人们的觉悟。劲汉的《寓兵于农》主张实行"兵民合一"。它认为:"兵强的国就强,兵弱的国就亡。……兵是维持国家存亡、保护人民幸福的一件紧要东西。"如何实现"兵民合一"呢?它认为,凡应服役者,"当三年常备兵后,再当三年续备兵。续备兵后,再当三年后备兵。但当续备、后备兵时,虽还是兵的名目,却可做一切的职业了。"它肯定"非兵民合一,一定不能争存于二十世纪"。舟子的《尚武说》,提倡尚武精神,主张实行军国民教育。竞生的《实业之起源》和《实业之进步》主张发展实业。《教育说》一文则提倡发展教育。[①]激进的景梅九在《第一晋话报》上发表了描写自己理想社会的小说《玉楼影》,目的在于宣传共和与自由思想,激发人民的爱国精神,联络同志,谋求改进。我们且引其中一段《杨柳青》的词儿,就知道他当时的思想是多么激进了。

反抗英国,美人称雄;血战八年,才得成功;大总统举了华盛顿,独立旗,自由钟,十三州里闹烘烘!嗳!共和国家,第一文明。法兰西也是个共和邦,路易时代,专制异常,惹起国民大反对,革命军,起中央,断头台上斩魔王。嗳,轰轰烈烈,闹了一场。观罢欧洲,再观亚洲,有许多亡国,都在上头。印度、安南今何在?谁为主,谁为奴,谁与他人做马牛?嗳!思来想去,两泪交流!印度国里恒河沙,猛想起当年佛祖释迦,三三降生真天子,舍王位,出了家,九九修成大菩萨。嗳!救苦救难,救救中华![②]

[①] 丘权政:《第一晋话报》,《辛亥革命时期期刊介绍》(二),人民出版社1983年版,第249页。

[②] 景梅九:《罪案》,第57页。

晋省风雷

　　这段词儿虽没有明确提出要推翻清政府，但指出"有许多亡国，都在上头"，已暗示清政府应对国家的衰亡负责，应该革清王朝的命。可惜，《第一晋话报》因同乡会内部分裂，只出了九期，就停刊了。

　　1905年，景梅九回国，向群众介绍日本情况，宣传改革，劝导禁烟和女子不要缠足，并和李鸣凤（字岐山，安邑人）倡办禁烟所，取"挽狂澜于既倒"之意，定名为"回澜公司"，名为出售西药、推行禁烟的机构，实际上是输送革命书报、传播革命思想和进行革命活动的机关。不过，这时他们还没有明确的宗旨，但革命的种子已开始孕育了。

第二章　山西同盟会的革命活动

第一节　同盟会山西分会的成立和南响北应战略的制订

第二节　山西同盟会员在日本的活动

第三节　山西各界争回矿权的斗争

第四节　留日学生和同盟会员声援山西争矿运动的壮举

第五节　太原同盟会员掌握武装力量的活动

第六节　山西同盟会员对巡抚丁宝铨的斗争

第七节　同盟会在晋北的活动和发展

第八节　同盟会在归绥地区的活动和发展

第九节　景梅九和井勿幕的"秦晋联盟"

第十节　同盟会在晋南、晋中的活动和发展

第二章 山西同盟会的革命活动

第一节 同盟会山西分会的成立和南响北应战略的制订

光绪三十一年（1905年）8月20日，中国同盟会在东京成立，公举孙中山为总理，以"驱除鞑虏，恢复中华，创立民国，平均地权"为自己的政治纲领。

在同盟会成立之前，孙中山、黄兴等已于7月30日宣誓入会。山西的谷思慎是8月14日入会的，接着王荫藩和何澄也于8月20日相继入会。在1905年入会的还有荣炳、景耀月、王用宾、阎锡山、温寿泉、张瑜、乔煦、荣福桐、井介福、崔潮、张呈祥、丁致中（宁武）、赵戴文（五台）、李蓁（宁武）。①谷思慎被任命为同盟会总部执行部调查科负责人兼陕西省会员入会主盟人。王荫藩、荣福桐、景耀月为山西省会员入会主盟人。②

同盟会成立后，即在各地建立支部和分会。山西分会受国内北部支部（设在烟台）领导，会址设在东京。分会干事先后由谷思慎、王用宾、荣福桐担任。

同盟会山西分会成立后，首要的工作就是发展组织。经过宣传鼓动，在东京的山西留学生纷纷入会。1906年先后入会的有：李抡藻（赵城）、邢殿元（定襄）、孙宗武（襄垣）、齐通海（定襄）、齐宝玺（定襄）、徐抡元（五台）、李栖鹍（五台）、赵三成（五台）、景梅九（1905年回国，故于1906年入会）、

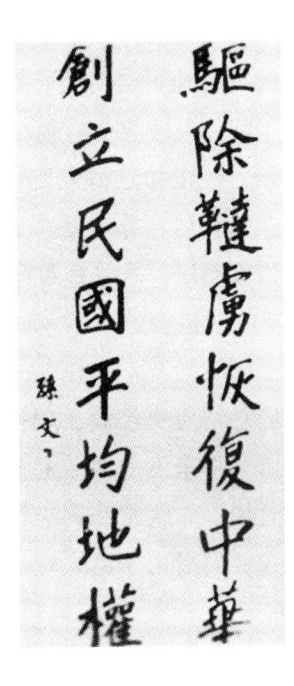

---

① 刘吉人：《山西早期同盟会员录》，《山西文史资料》第30辑。台湾《革命文献》第2辑也有记载。

② 邹鲁：《中国国民党史稿》第1卷，中华书局1960年版，第51—52页。

晋省风雷

贺炳煌（定襄）、王建基（五台）、杨泰岩（五台）、赵子礽（五台）、李大魁（洪洞）、徐宗勉（五台）、向映斗（五台）、徐翰文（五台）、杨天章（平遥）、王炳潜（崞县）、梁际蓉（忻州）、焦滇（忻州）、景蔚文（猗氏）、石莹（忻州）、许之翰（忻州）、解荣辂（万泉）、刘绵训（猗氏）、张之仲（荣河）、余钦烈（浑源）、阎应台（乡宁）、赵良臣（忻州）、靳桂林（汾阳）、王平政（解州）、胡足刚（虞乡）、兰燕桂（河津）、焦纯礼（忻州）、吉麟定（绛州）、张桂书（浮山）、康佩珩（五台）、王国祜（绛州）等。①两年内单在日本入会并且有据可查的即有50多人。山西留日学生这样成批入会，在北方是各省之冠。景梅九后来回忆说："同盟会原来发起于南方同志，西北方面除张溥泉（张继）外，最初加入的，还算山西人占了多数。"②

同盟会山西分会的成立，使山西籍的知识分子在思想上和组织上进入一个新的境界。他们学习孙中山关于三民主义的论述，讨论同盟会纲领，阎锡山等人还去拜望孙中山，聆听孙中山对于平均地权的解释。③景梅九则在自己的寓所挂出"明明社"的牌子，作为革命同志的一个活动场所，后因警察的干涉，又改名为"何公馆"。这些同志思想激进，情绪高昂，奔走革命，不遗余力。正如景梅九所说的："自入同盟会以后，……把学校的事，渐渐地抛在脑背后；非关系革命的书不愿看，非关系革命的人不愿见，非关系革命的话不愿谈，非关系革命的事不愿做了。"④

同盟会的政治纲领向人们宣示，它要进行武装斗争，夺取政权，建立自己的政治统治。围绕这一主题，山西籍的同盟会员曾展开过热烈的讨论。他们总结历史经验，根据南方发动的几次武装起义都归失败的教训，提出了同盟会将来发动武装起义的"南响北应"的战略设想。景梅九在叙及这个问题时说："我常和同志谈太平天国遗事，说当年失败的原因，固然在于意见不齐；病根由于诸人权利心重，责任心轻。这是中山先生说过的中肯话。我以

---

① 刘吉人：《山西早期同盟会员录》，《山西文史资料》第30辑。台湾《革命文献》第2辑也有记载。
② 景梅九：《罪案》，第53页。
③ 《阎锡山早年回忆录》，《近代史资料》第55号。
④ 景梅九：《罪案》，第66页。

第二章 山西同盟会的革命活动

为洪、杨倡义南方,虽说据了天下一半,北方到底没有一省响应,所以清政府能够缓缓地用北方财力、兵力,去平灭他。我们今日第一要事,就是专从南响北应下功夫;极而言之,北响南应亦无不可;同人颇以为然。"河南籍的同盟会员杨少石,也有同样的想法。他画了一张中国形势图,对景梅九说:"革命军若从南方举起,不知何时才能到北京;我们从山西陕西下手,出来一支兵,出井陉截取京汉铁路的中心,一支兵出函谷直据洛阳,与南师握手中原,天下不难立定。"①阎锡山在谈到这个问题时说:"同盟会因为种种关系,把革命任务分开了江南江北两部分。中山先生与同志们研究发动起义的地点,大家都主张在江南。因为一方面江南离北京远,发动起来,北方的清军不容易集中反击,一方面江南有海口,易于输入军需品及得到外力的援助,且江南的革命潮亦较江北为高。因此,江南江北所负的任务就不同了。当时决定山西所负的任务是革命军到河南时,山西出兵石家庄,接援革命军北上。"②孙中山参加了这个问题的讨论,并且得出与大家相同的结论。1912年9月他到太原视察时曾说:"前在日本之时,尝与现任都督阎君谋画(划),令阎君于南部各省起义时,须在晋省遥应。"③所以,这一设想后来正式成为同盟会的战略决策。

"南响北应"的战略决策确立之后,在东京陆军士官学校学习的山西留学生努力学习自不必说,就是学文化的留学生也在课余积极学习军事。景梅九回忆说:"山西五台私费留学诸君,最先加入同盟,内中有一位王君名建基字弼臣的,是个热烈汉子,真正所谓肝胆照人者,奉'三民'宗旨,如天经地义,尤重实行,不尚空谈,联合同志多人,研究军事学问;又组织了一个体育会,练习操法和射击各艺,不过几个月,战略战术已大体明了。大家计议回国在山西北面归化(今呼和浩特市)一带,谋一根据地,暗里结合同党,藉(借)自卫的名义精练兵队,将来革命军一起,预备出张家口,直捣北京背后。"④

---

① 景梅九:《罪案》,第53-58页。
② 《阎锡山早年回忆录》,《近代史资料》第55号。
③ 《孙中山全集》第2卷,中华书局1982年版,第471页。
④ 景梅九:《罪案》,第54页。

晋省风雷

当时在日本警察学校学习的同盟会员宁武人南桂馨回忆说:"后来多数同志们,都认为革命非有武力不可,所以领导革命的人,也自然必须通晓军事。最后决议,请日本人本庄繁、加藤二人教练我们,学习军事指挥;又恐日本政府干涉,所以必在晚间,而且是轮换地点,今日在甲家,明日在乙家。这样,我们坚持了一个相当长的时间。"[1]学军事的同志则根据孙中山的指示,成立了铁血丈夫团。阎锡山回忆说:"我加入同盟会之后,中山先生指示我们学军事的同志不可参加外部活动,以保身份之机密,但应在内部建立一纯军事同志之组织,负起革命实施之责。此组织定名为铁血丈夫团,盖取孟子'富贵不能淫,贫贱不能移,威武不能屈'之义。参加此组织的二十八人中,山西即有温寿泉、张瑜、乔煦与我四人,其他如浙江黄郛,江西李烈钧,陕西张凤翙,云南罗佩金,湖北孔庚等,都是辛亥前后之革命中坚人物。"[2]

"南响北应"是当时同盟会重要的战略决策之一,尤为山西籍的同盟会员所热烈支持。他们较早地提出了发动武装起义,必须掌握武装力量的问题。杨少石说:"十年以内军队革命,十年以外社会革命,如今以运动军人为主体;太炎先生说过,学生革命犹如秀才造反,一百年也不成,这话一点不错。我们趁早联合军界同志,大大小小握些兵权,就不至空口说空话了。"[3]景梅九佩服并赞同他的意见。这种意见自然也为同盟会山西分会的负责人所接受。所以,山西同盟会分会便逐步地将工作重点转移到国内省内,并且非常重视发动军人参加革命行动。

---

[1] 南桂馨:《辛亥革命前后的回忆》,《山西文史资料》第2辑。
[2] 《阎锡山早年回忆录》,《近代史资料》第55号。
[3] 景梅九:《罪案》,第59页。

第二节 山西同盟会员在日本的活动

同盟会成立后,景梅九的"何公馆"就成为山西籍同盟会员谈论革命、进行联系的一个场所。当然,不是同盟会员的人,去的也不少。为了保守机密,何澄想了一个既快当而又不露痕迹的法子,就是同志来,主人说请坐吃水,不是同志的人来了,主人说请坐吃茶。另外还用特别的代号。有一次,景梅九正与李烈钧谈论工作,忽有生人来,便顺口说了一句"A1SO",景梅九也答以"A1SO"。从此,"A1SO"就成了李烈钧的代号。这都是同盟会员在革命实践中摸索到的做法。

山西同盟会员与日本友人也有不少交往。宫崎寅藏(白浪滔天)赞助中国革命,认定孙中山是中国革命的领袖,在同盟会员中备极推崇。研究马克思主义的幸德秋水常为中国同盟会员讲解社会主义。因为讲解社会主义,常常受到警察的干涉,日本朋友大山荣常骂"日本警察是资本家的看家犬"。这使学警务的南桂馨很难堪,很想改行。大山荣劝他说:"不可这样,将来归国革命,如果能掌握了警察权,既可掩护同志,又能联络同志。你有革命的勇气,这很好,但革命事业不可造次,必须涵养很深,考虑周至,才能有利。暴虎冯河,死而无悔,并不见得就能成功,这是要紧的。"①在同日本朋友的交往中,山西同盟会员得到许多有益的启示。

主张革命的同盟会员和主张君主立宪的政闻社经常进行针锋相对的斗争。

宫崎寅藏

---

①南桂馨:《辛亥革命前后的回忆》,《山西文史资料》第 2 辑。

晋省风雷

在锦辉馆，打走梁启超，用政闻社的讲坛宣传革命，就是一个生动的例子。原来，政闻社决定在锦辉馆开会，同盟会员侦知后，便在民报社开会研究对策，决定选出二三十名干练的同志，进入会场，相机打散他们的会。这天，山西同盟会员谷思慎、景梅九、南桂馨以及平刚、拓鲁生、陶铸、陈汉园、杜羲等，由张继和宋教仁率领入场，当梁启超讲到君主立宪、中国并无苛政的时候，南桂馨等便不顾会场有政闻社的几百人，上台把梁打跑，由同盟会员讲述非革命没有出路的道理。①关于这次斗争，景梅九做了非常生动的记述："当夜连忙到各处寻找同志，约定明天一致行动，安排妥当。次早一齐（起）到了锦辉馆，但见有许多带红布条宪党作招待员，来的人却也不少。还有许多未约定的同志在里边，都点头会意，分别坐定。一时摇铃开会，上来一位，报告开会宗旨。末尾一句，说的很亮，就是'请梁任公先生演说'。果然见那梁启超大模大样上了演坛，有一部分人拍掌。他便提出个头儿说起宪约来，见没多（少）人赞成，心下着忙，便拉起国会来说立宪国家，须（需）要有监督政府的机关，这个机关就是国会。政府好比小孩子不懂得道理，须（需）要我们监督它的行为。当下拍掌（的）只中间一排。我晓得前后都是同志，便好说了。梁启超在上面，又东拉西扯说了几句机关，忽见张溥泉君起来骂道：'甚么机关？马鹿（日语，骂人的话）！'打人缝中冲开一条路，直奔演坛而来，说时迟那时快，又见一只草鞋在演坛左边飞起来，正打启超的左颊。回头一看，原来是一位戴眼镜的老先生，再往上一瞧，梁启超已经没了！听有人说他一溜烟从楼梯圆转下去。于是乎乱打起来，带红布条的人，都赶紧扯了！纷纷的作鸟兽散！大声喊道：'革命党！革命

南桂馨

---

①南桂馨：《辛亥革命前后的回忆》，《山西文史资料》第2辑。

党！'就有一位日本警察来捉人，又扯了友人南（桂馨）君去，经我解释了几句，就算了。这时候张（继）君已据演坛，演说起革命来。大家又重复（新）坐定，拍掌欢迎。霎时间立宪党人的会，变作了革命党的会。但张君这时拿无政府主义，驳梁启超机关的话，大家还有些不懂。宋钝初（教仁）先生又上去把同盟会的宗旨，发挥了一遍，说：'立宪党，是保皇党的变相，他们是要君主的；我们不要君主的，如何能相容！要容这文妖讲君主立宪，我们理想的'中华民国'，就永远的不能实现了！大家才大喝起彩来。后来日本民党犬养毅君，说了一片调和的话，归结到赞成革命，宾主尽欢而散。"①这次斗争，就这样以同盟会的胜利而告终。

山西同盟会员对于同盟会的重要活动，无不踊跃参加。1906年12月2日在东京锦辉馆举行的《民报》创刊一周年纪念会上，孙中山对三民主义作了系统的阐述。这次讲话由景梅九担任翻译。孙中山讲话后，章太炎读了对《民报》的祝辞，黄兴和日本来宾宫崎寅藏等也讲了话。讲话的还有山西同盟会员乔义生。孙中山于1896年在伦敦被清政府驻英使馆挟持蒙难时，乔义生配合英人康德黎，日夜守候在使馆门外进行保护，终于使孙中山获释。这次讲话，慷慨激昂，博得热烈的掌声。

山西同盟会员还很重视宣传工作。当《第一晋话报》停刊之后，他们又出版了《晋乘》。景梅九回忆《晋乘》始末时说："只因《第一晋话报》出到第九期，同乡会分裂（不过几个人闹地方意见，甚么南路北路中路的分起来），不能续出。于是我又邀集几个同志，商议另组织一种杂志。大家想名目，我以浙江有《浙江潮》杂志，湖南有《洞庭波》杂志，陕西有《夏声》，四川有《鹃血》，皆就地理历史立名。想起孟子说的晋之《乘》，楚之《梼杌》，鲁之《春秋》，这晋《乘》与《春秋》并列，亦是一部光荣历史，何妨用这个名称组织起来？大家很赞成，于是友人只君作了一篇《晋乘解》，说：'乘是从古代战车立称，当春秋时，惟晋最强，所谓晋《乘》者，一定记载战事，表明作州兵为爰田，慷慨迎敌，那一种军国民精神，不能但解乘为载，说成普通记事的文章。痛快淋漓，万余言，很有些道理。"于是山西同盟会员就将这新

---

①景梅九：《罪案》，第87—88页。

晋省风雷

办的杂志定名为《晋乘》。

主持《晋乘》编辑业务的，除负责杂俎小说专栏的景梅九外，还有景耀月、谷思慎、荣福桐、荣炳、王用宾等人。《晋乘》第一期刊载的大昭（景耀月）的《晋乘解》说，"晋乘是古来晋国史书的名字"，希望通过现在的《晋乘》使国民产生"眷怀古昔的爱情"，激发"爱国爱种的心，独立进取的志"，"轰轰烈烈地做一场"事业。这可以说是《晋乘》的宗旨。怎样干一场事业呢？首先它对清政府进行了猛烈的抨击。猛蹶在揭露清政府盗卖山西矿权的文章《晋人争矿之最后》一文中指出："亡中国者，中国政府也。"把矛头直指丧权辱国的清政府。小说《轩亭记》借女英雄秋瑾之口，将清政府及其官员作了无情的揭露："你看我那政府呵，卧薪尝胆皆虚设，文酣武嬉何消说。见了国民呵，都昂头持风节。见了外人呵，都低首称臣妾。叹东南到处金瓯缺，全是他送了人也。堪嗟！你看那盈廷的朝臣，谁不是亡国的妖孽。"怎样对待这些"洋奴才"呢？梦周的《杀洋奴曲》直截了当地指出："杀！"并要人们"把刀磨快"些。

从《晋乘》的诸多文章中可以看出，山西同盟会员的旗帜是多么显明，态度是多么坚决。对立宪派，他们也不放过抨击。莫愁（景梅九）在《笑语集》中写道："有几个人在一处闲谈时务。一人道：现在人都好谈立宪，有许多宪政会，有许多立宪党人，到底都是什么宗旨？一人道：孔子宪章文武，怕是学圣人的。又一人道：诗云宪宪令德，怕是学贤人的罢。一人摇头道：都不是！诸君不通小学故耳。'宪'（憲）字本是个象形兼会意字。众问何解，他道：'宀'像红顶，'丰'像花翎，'四'为横目，'心'即心，合而言之，就是心儿、眼儿都在红顶花翎上。"短短几句话把立宪派升官发财的丑态全都勾画出来了。

此外，《晋乘》在经济方面提出"实业救国"的主张，提倡振兴实业，使国家富强，以利于抵抗列强侵略，挽救危亡。SV生在《实业与山西的关系》一文中写道："实业两个字，为现今世界上生存的一个大要素，不研究实业的国家，万不能独立；不研究实业的人民，万不能生活。"他认为20世纪为实业竞争的世界，在这个世界中，如果实业不发展，国家的路权、矿权、专卖权、制造权等等就会丧失。这样，不但"国家不能独立"，人民也要作"外国人的奴隶"。垂钓翁的《社会概论》号召人们"合而设立工厂"，"广置机器"，外国人"有何物，我即仿造何物"，外国人"有何能，我即仿学何能"，"直至我们的货物，能抵住洋货之来方可"。古唐的《设铁道必先讲经费人才说》主张设一铁道学堂，培养管理人员，并且描绘了一幅修成铁路后的动人远景："当那时汽笛一声，集如归市。三晋人民，就渐渐喜旅行而不喜家居，喜远游而不喜困守了。无论我们山西富强的基础，在这一举，就是养成活动的国民，绝好的机关，也在这一举，岂不关系重要么！"在文化方面，他们主张发扬国粹。景梅九、景耀月等六人还发起成立了复古社。在对待中西文化的态度上，他们的态度基本上是"中学为体，西学为用"。① 《晋乘》除了有复古倾向外，整个说来，在当时是革命的，充满战斗精神的，特别是在争矿运动中更显示了它的战斗精神。

山西同盟会员不仅自己创办刊物，还协助其他同志做编辑工作，也为其他革命报刊撰写文章。1906年，景梅九协助黄兴等人出版了《汉帜》，他担任该刊译述，并为该刊写了题为《清快丸》的小说。山西同盟会员景耀月还以"太原公子"为笔名在《民报》第21号上发表了《山西宣告讨满洲檄》，并在《总论》中明确指出："满清盗汉之二百六十有四载，适虏运之方终，革命军之将起也。惟有道炎黄曾孙，将有大正于虏，乃聚汉族父老子弟之在三晋者，衰絰歃血，陈师誓众，以复仇攘夷之义，为光复中华之辞，号召中原，为天下倡，底清之罪。"同时号召"吾三晋之父老子弟，永矢勿谖，犹愿与吾皇汉四百兆老先生大人之伦，共思之而共念之也。"推翻清王朝的思想跃然纸上。陕西同盟会员创办的《夏声》杂志出版时，景梅九为它写了祝辞：

---

① 徐玉珍：《晋乘》，《辛亥革命时期期刊介绍》（二）。

晋省风雷

> 禹凿龙门，始通大夏，辟土绛汾，毗连潼华。
> 晋之与秦，唇之与齿，愿赋同仇，长城共倚！
> 诸君奋志，光显皂旌，关河百二，万祀千秋。

陕西省的同盟会员井勿幕看了，赞叹不已。两人订为至交，后来在辛亥起义时，陕西民军协助光复运城重结秦晋之好。①

当时同盟会在东京出版的书报杂志很多，而清政府在国内却不许印刷，不许发行，不许阅读，所以同盟会员想方设法要把革命书刊传到国内来。何澄想了一个好法子，就是利用满族朋友携带。他把《民报》装在箱子里，说是《法政丛编》，让满族朋友带给国内的朋友，果然如数收到。原来海关上的人，见了满族朋友的名片和那一条辫子，便晓得不是革命党，不搜检他的行李了。还有的同志把《民报》另行装订，封面上写着《心理学讲义》之类的名称，将《革命军》、《警世钟》、《排满歌》等集印成册，标名《铁券》，也居然瞒过检查人员，送回内地了。

山西同盟会员在国外进行活动的同时，也在省内开展了工作。这就是后来辛亥年在山西点燃的燎原之火的火种。

---

① 景梅九：《罪案》，第99页。

第三节 山西各界争回矿权的斗争

山西煤铁蕴藏丰富，久为帝国主义所垂涎。早在八国联军占领北京以前，英国帝国主义就把魔爪伸进了山西。为了给赤裸裸的侵略行为披上合法的外衣，遮掩山西人的耳目，它一方面采取了"华洋合办"的方式，由江苏丹徒人刘鹗（字铁云，《老残游记》的作者）与方孝杰等出面组织晋丰公司，以商人的名义向山西商务局（1896年即光绪二十二年由山西富户捐资创立）申请开办山西各地煤铁等矿；一方面又以商人的身份，用晋丰公司的名义向英国福公司（代表人是意大利商人罗沙第）借银1000万两，与福公司共同开采山西盂县、平定州、泽州（晋城）、潞安府所属煤矿。

光绪二十三年（1897年），刘鹗通过商务局得到山西巡抚胡聘之的同意，与晋丰公司商订《请办晋省矿务借款合同》五条，接着又商订《请办晋省矿务章程》二十条。经巡抚胡聘之批准，合同于光绪二十四年（1898年）正式签订。英国福公司凭这两个文件，就把山西的矿权不声不响地掠夺走了。

刘 鹗

根据《请办晋省矿务借款合同》第一条，晋丰公司可以"独自开办盂县、平定与潞安、泽州两府所属矿务"，并且还可以"以此逐渐推广"。其实，刘鹗等人并不开矿，而是转让给福公司办理。在《请办晋省矿务借款合同》和《请办晋省矿务章程》中规定得很明显，如："凡调度矿务与开采工程由晋丰公司刘鹗 同洋商经理"；"各处矿厂用华洋董事各一人，洋董事管工程，华董事理交涉，账目皆用洋式，银钱出入

33

由洋董事经理";赢余分配办法是,清政府得25%,商务局得15%,晋丰公司得10%,福公司独得50%;合同有效期为六十年。"①

《请办晋省矿务借款合同》和《请办晋省矿务章程》都是秘密签订的,但被一些爱国官绅发现,并具奏反对。山西京官呈诉与华俄银行"兴办铁路流弊甚多",请予停办,并指斥山西巡抚"将潞安、泽州、平阳、平定州四府州典与洋人";左都御史徐树铭奏请"山西矿务铁路,宜归绅民自办";御史何乃莹奏陈"山西铁路矿务请停借款"。清政府总理衙门"逐条复核"后,除认为将潞安等四州典与洋人"言之过甚"外,认为"原订借款章程,国家应得余利,几同虚指,地租课税等项,概未声叙";"方孝杰、刘鹗二员,声名甚劣,均着撤退","并将刘鹗、方孝杰所立公司名目,一律删除";乃与"意商罗沙第、俄商璞科第将更订章程,逐一增改",以山西商务局的名义与福公司议定《山西开矿制铁以及转运各色矿产章程》二十条,并于光绪二十四年(1898年)农历闰三月二十七日经光绪皇帝批准,由山西商务局代表曹中裕与福公司代表在总理衙门画了押。

这个《山西开矿制铁以及转运各色矿产章程》与原来的比较,并没有质的改变,而且扩大了采矿的范围和品种。它第一条规定,"山西商务局禀奉山西巡抚批准,专办盂县、平定州、潞安、泽州与平阳府属煤铁以及他处煤油各矿,今将批准各事转请福公司办理,限六十年为期"。第二条规定山西商务局"自借洋债不得过一千万两",如不敷应用,只能"专向福公司续借"。第三条规定,"凡调度矿务与开采工程、用人、理财各事,由福公司总董经理,山西商务局总办会同办理"。第四条规定,"各处矿厂应用华洋董事各一人,洋董管工程,华董理交涉,一切账目皆用洋式,银钱出入洋董经理,华董稽核"。第六条规定,"每年所有出矿按照出井之价,值百抽五,作为落地税报效中国政府","净利提二十五分归中国国家,余归公司自行分给",而且规定"以后中国他处有用洋款开采煤矿铁者,应请一概仿照此章"。第八条规定,开矿所需料件机器等物,"完纳海关正半税项,内地厘捐概不重征"。

---

① 《阎锡山统治山西罪恶史》(油印本)。

第二章　山西同盟会的革命活动

还规定了福公司可以"修路造桥开浚河港"等条款。①

《山西开矿制铁以及转运各色矿产章程》签订后，由于交通不便，当时并未勘查开采。光绪三十二年（1906年），清政府铁路总局又与福公司订立《中国拟设山西镕化厂并合办山西潞泽平盂矿务合同》四条，掠夺铁矿及炼铁之权。

1905年，正太铁路通车至阳泉。福公司即派测量师萧密德到平定绘制矿图，代办员萨斐理发现"本地人打井挖煤"，福公司矿路总工程师利德于1905年7月15日即致函山西商务局，要求"该井工务须立即止住"。山西商务局复函称："原订合同款内，并无不准晋人自行开采字样，今突然禁民开窑，恐致民人不服。"利德又以"章程"批准福公司专办平定等地煤铁矿为由，声称"专办者独办也，即他人不得再办之谓也"。山西商务局则答以"专办者，独办也，是商务局得独办，他人不得再办。……由商务局转该福公司办理，非专请福公司"，并要求福公司派员来太原筹商解决办法。②

争论传播到社会上，立即遭到全省人民的反对。平定州"人民痛主权之丧失，生计之将穷，于是群起而争，纷纷有废约之请"，③并组织矿山会，相约矿地"以不售诸外人为第一要义"，进行抵制。山西京官吏部左堂李殿林等致函外交部与商务部，要求"传谕福公司遵守合同，凡晋人自行开矿，勿得干预"。④全省大中学生及教职员纷纷集会抗议、演讲宣传，并禀请山西巡抚张曾扬，认为"矿存则山西存，矿亡则山西亡"，要求"议废合同，合力自办"。⑤全省士绅吁请山西巡抚张曾扬与福公司"废约"。⑥全省绅商亦请巡抚"申明合同作废"。⑦以上各界又分电山西京官、商务部、外交部，据理力争。函电往来，不绝如缕；士民争矿，情势汹汹。

1905年10月，福公司总董哲美森、副总办萨福理携译员到太原，与山西

---

① 李庆芳：《山西矿务档案》，日本东京1907年版，第1—5页。
② 《山西矿务档案》，第13—16页。
③ 《晋抚张致外部函》，《山西矿务档案》，第54页。
④ 《京官具外商部呈》，《山西矿务档案》，第19页。
⑤ 《全省学界呈请晋抚张主持废约禀》，《山西矿务档案》，第29页。
⑥ 《全省士绅呈请晋抚张代奏力争矿约禀》，《山西矿务档案》，第31页。
⑦ 《全省绅商呈请晋抚申明废约禀》，《山西矿务档案》，第47页。

晋省风雷

商务局进行谈判。一日，商务局总办刘笃敬在海子边局内设宴招待他们。太原各校学生和部分市民结队到海子边示威抗议。走到商务局门口，遭到门警拦阻。愤怒的学生打倒门警，一拥而进。有个年轻的英国人吓得钻到桌子底下。学生代表马骏申述了争回矿权和反对官方包办的理由后，在刘笃敬和冀宁道丁宝铨的好言相劝下，示威学生才撤离商务局，又前往巡抚衙门请愿。巡抚张曾扬迫于舆论，也支持群众的争矿运动。他在致外交部的电中说："晋土苦瘠，别无大宗物产，民皆恃矿为生，若允外人专利，是绝晋民生计，贻害甚大。"因此，请求外交部对福公司开采煤矿，要"鼎力坚拒"。①

在反对福公司、争回矿权的斗争正在激烈进行之时，清邮传部大臣盛宣怀见有机可趁，乃与直隶总督、北洋大臣袁世凯勾结，"以晋矿必须通力合作，不分畛域，迅速购地，迟则必为外人所占，决非空言所能争执"为由，取得山西巡抚张曾扬的同意，决定由盛宣怀、袁世凯、张曾扬各筹白银十万两作为资本，于光绪三十二年（1906年）成立同济公司，以董崇仁为总办，在平定购地，声称开矿采煤。并由盛宣怀具奏，由光绪皇帝批准。②

董崇仁字子安，山西定襄县人，其父在皇宫包揽工程，得以结识袁世凯。董崇仁因缘时会，拜袁为师，后来又捐得一个候补道，在京闲住。袁世凯与盛宣怀筹办同济公司，要在山西牟利，遂起用董为总办，作为他们的代理人。

盛宣怀

同济公司之设，受到山西及平定人民的欢迎。山西留日学生在《上晋抚禀》中说得很清楚：山西已调任的巡抚张人骏和张曾扬，对福公司侵占山西矿权一事，"主张废约，收回自办，盖为国家主权、地方生民计也至矣。故

---

① 《晋抚张致外部电》，《山西矿务档案》，第38页。
② 《盛大臣宣怀奏请拨款专办晋矿折》，《山西矿务档案》，第70页。

上呼下应，一唱百和，遂合官绅学三界之力，而倾注于此。犹虑空言废约，究非实力抵制，万一谈判见绌与不争等，因拟设一全晋矿务总公司以为机关，俾附近矿道产矿精华之地，先为该公司占有，使福公司无利可图，或当废然思返，而独力又猝未能彀，不得不呼助于将伯。此山西与南北两洋合设同济公司之宗旨也"。①所以，同济公司在平定顺利地与官绅缔结了《购地合同及规条》。其内容为：

为本公司在某村勘就矿地，照四至合（核）算共计若干顷，本公司情愿与某村社保甲乡地合力举办。公司内认与社股几个，日后获利，按股份为该村内之利益，若有亏折，毫不累及该村。本公司自应谨遵商部奏定章程，无论买到何村地亩，永不转售外人。凡本地居民人等，自立合同之后，应联为一体，无论何人地亩，不得卖与外人。至公司开采时，应用何人地亩及亩数若干，若以地作股，或估地价，售本公司，通知该村保甲乡地偕地主面议。既昭公允，且可永久，恐口无凭，立合同为证。

立入股合同某村保甲某某等，因总办山西同济矿务公司事宜董（崇仁），在本村勘就矿地，四至合（核）算共计若干顷，公司与本村社情愿合力开办矿务。公司内认本村社股几个，日后获利，按股份为社内之利益，公司如有亏折，与本村社无干。

规条六款：

一、矿线内之村庄，公司既与股份，该村线内之地，不得卖与外人及外州县人，以防流弊；即或自村买卖，必须通知本村保甲乡地，会同公司查明实非外人及外州县人，方准买卖。

二、矿线内之村人，如有将自己地亩售与外人者，其所得地价，尽数归公，仍由公司合各村保甲公议重罚，并将卖主一家逐出村外。从中说合之人，亦照此办。

三、凡各村庄土人旧有之窑，仍听土人采取。其余公司未经买

---

① 《山西矿务档案》，第79页。

晋省风雷

到之地，亦准土人开采，并不禁止。

四、公司之窑与土人之窑，设于地内两掘通，由本地绅商验明画（划）界，将掘通之处作为瓯脱之地，东家不得西侵，西家不得东占，以昭公允。

五、线内矿师勘定应用之地，公司不得勒买，地主不得居奇，由本地方绅商公平估价，真愿以地作股者，亦由绅商公平作价入股。

六、公司出银买到之地，凡地内应纳赋税钱粮，由公司完纳。其以地作股之赋税钱粮，仍由地主完纳。[1]

合同和条款拟订后，董崇仁即在平定购地。经过宣传同济公司宗旨及购地合同与条款，特别是无论何村何地永不转售外人，对于正在进行争矿斗争的平定人民具有十分强烈的吸引力，于是最初不愿卖地的人，也愿意卖地，有的人则愿意以土地入股。所以董崇仁购地进展顺利，花钱很少或不花钱（以土地作股），便买到了百余亩土地。

孰料盛宣怀和袁世凯筹办的同济公司乃是一个骗局。报载盛宣怀奏稿谓："晋矿与福公司争持三年，始得合办，同济公司所集之款，自办不足，购地有余，以之入股合办，藉（借）保地主之权，兼分矿中之利。"[2] 原来他们是以同济公司代替刘鹗的晋丰公司，来与福公司合伙掠夺山西矿权的。

于是，山西各界，特别是留日学生，不得不与同济公司展开坚决的斗争。他们致函山西巡抚恩寿、冀宁道丁宝铨、山西京官以及董崇仁等，指斥同济公司违背宗旨与合同，要求废约。平定官绅和各界人民起而响应。平定十七都[3]都长则致函同济公司，声明废约。其文曰：

平定十七都总会某村某保长等，为违背宗旨照行废约事，本年（1906年）三月盛大臣奏折并抚宪札商务局公札，金称贵公司已定准与福公司合办晋矿，并云贵公司创设之原议，即为筹款购地，俟

---

[1] 《山西矿务档案》，第73—74页。
[2] 《留东学生上晋抚恩禀》，《山西矿务档案》，第80页。
[3] 都、里、保、甲为当时州县以下的行政单位。都，约相当于今之乡。

将来福公司开办时,以地作股等语。接阅之下,诧怪莫名。去年贵公司来州购地,声称绅商自办,专为保全地方利权起见。惟其时乡里平民,早有心知其伪,窃窃然忧贵公司之不可恃者;惟本保长等经贵公司屡次陈说,并许明订合同,两相誓守。后始再四劝谕,群疑稍释。今忽顿更前议,与合同全旨大背,其意何居(在)?查环球公例,凡立一合同,必公共遵守;一或违背,则全行废弃。此次贵公司既首出背约,则从而废之,实本保长等应有之权利也。又诈订之合同情露,亦载在万国公例,确切可据,则本保长等立时废之,固公法所应尔也。又立一合同,苟出于立者权力之外,则详解之下亦立废之,当亦贵公司所熟稔也。本保长等有代达全乡意见之责,无管理全乡产业之权。顺民情则民顺之,违民情民亦违之。前以筹款自办,与乡人宗旨相同,受从法律默许之例;今既定准与福公司合办,传播之下,舆论沸腾。我乡人来相诘责,所谓保全土地者安在?产业自主,一行失信,决不知合同为何物。权力之外,所难强迫,本保长等有照行废约耳。至既订自办之约,而又与外人合办,是否亦出于贵公司权限之外?贵公司自应知之,本保长等不与闻焉!为此特行知照,所有前次订立之合同,著(着)即全行作废,无(毋)庸复议。请烦贵公司查照可也。此上同济公司总办董垂鉴。①

在这种声势下,商务部亦驳令缓办,董崇仁"亦以同济既奉部驳,不能自行开采,始悟购地与福公司合办为非计",②乃禀请山西巡抚恩寿,提出晋矿归晋民自办,但需将同济公司已支付的白银六万两归还。其禀称:

窃职道等前接晋省商会绅士函:盛宫保之十万是官款非商款,恐与初志相左。复接士民函称:情甘将上海解存官款十万先筹交还,使本省矿务悉归晋民自办。各等纷纷前来。查职道等蒙列宪筹集股

---

① 《山西矿务档案》,第74—75页。
② 《同济公司之始末》,《山西矿务档案》,第125页。

晋省风雷

款，委购矿地，无非图挽利权，并非与民争利，若能自办筹还股本，当亦列宪所乐许也。特以筹还非难，非有的款，窃恐股款未还，而矿务中辍，失计实甚。及恭读上月邸抄，晋省亩捐银约三十七八万两，经前托宪张奏请展限十五年，专办晋省路矿，经部议准在案。晋省办理路矿，民间既有的款，不啻以晋民之脂膏，自谋晋民之生计，则商部所存官款十万两内，公司领用头两批银二万两，先为筹还，似属可行。复查晋省绅民，既欲以本省民款，自办本省矿务，似（拟）并将直隶山西原筹股款共二十万两内，公司共领用头二两批银四万两，似可一并筹还。盖款归一律，则事尤易办。且上可以慰列宪维持矿产之至意，下可以全晋民保护生计之热心，实为公便。职道崇仁曾将此意电商全省商务总办刘笃敬，当即电复股均愿还。是筹还各款，共表同情。况款已有着，各款胥还，则公款仍归办公之用，民款得专自办之权，重官款而洽舆情，其裨益当非浅鲜（显）。职道昏庸愚昧，未识可否，埋合将晋绅情甘筹还各处股款缘由，禀请钧裁。①

在全省人民的反对下，盛宣怀感到棘手，已经不愿过问此事，山西巡抚将董崇仁的禀帖转报袁世凯后，袁见众怒难犯，在同济公司无法开展业务的情况下，遂于1906年5月24日致电山西巡抚，准许在筹还官款的条件下，关闭同济公司。其电文为：

太原恩中丞鉴：同济公司绅商董道崇仁、孙郎中筠经、段郎中振基、梁庶吉士善济会禀称：晋省绅商拟将晋矿归晋民自办，不领官款，同济前领直、晋、沪股款各二万两，愿由晋省奏准专办路矿之亩捐项下筹还，愿转商专处照办前来。查同济公司创自盛侍郎，本因福公司原约有遇有民人先经开采者，不得侵占之条，筹拨官款，暗助民力，仍由晋省出名自办。现盛既不管，敝处亦难遥制，而晋

---

① 《直督札董道文》，《山西矿务档案》，第82页。

省前请矿照，商部又驳令缓办。公司各事，正无办法。今晋绅既愿以本省民力自办，筹还官款，自可照准。望公俯从该公司所请，饬由亩捐项下筹还，以顺舆情。可否祈示遵。凯敬印。①

袁世凯不提同济公司与福公司合办晋矿遭到人民反对之事，并说他与盛宣怀筹拨官款，创办同济公司是"暗助民力"，把勾结帝国主义掠夺山西矿权之事推得一干二净。虽然如此，准许筹还股款，结束同济公司，还是山西人民取得了胜利。但是，同济公司并未开矿，又未采购机器，购地既然作废，购地款自当归还，试问六万两股款用在何处？办事开支能有几何？让山西人民从地亩捐内，筹还这并未完全支用的六万两股款，无疑是对山西人民的讹诈！

---

① 《直督袁致晋抚恩电》，《山西矿务档案》，第83页。

晋省风雷

第四节 留日学生和同盟会员
声援山西争矿运动的壮举

  山西各界争矿运动的消息传到海外,立即引起留学生们的极大关注。在伦敦的山西留学生,集会反对福公司的侵略行为。消息传到东京,山西同盟会员立即响应。他们以山西留学生的名义,首先致电山西商务局总办刘笃敬,询问是否确有此事,当弄明真相后,立即致电外交部、晋抚以及山西京官、吏部左堂李殿林主张"废约自办"。[①]

  1906年,山西同乡会在东京神田江户亭开了一个大会,同盟会员王用宾在会上阐述了争回矿权的道理。有人主张山西全体留学生回省参加争矿运动,景梅九害怕影响学习,反对这样做,最后决定派代表王用宾和梁善济等回国交涉,[②]并发表了《留东学界通告内地废约自办公启》,提出争矿的两种方法。一为合起全体之争,即"联东瀛学界十余省爱国之士,援粤汉铁路成例,合全力以与福公司争";一为离开合同之争,指出"此合同显系欺诈",因为"我既借债于彼也,彼但享债权之利,不当更获矿权之利;我若卖矿于彼也,彼但获矿权之利,不当更享债权之益。今据合同所言,是债权者福公司,矿权者亦福公司。彼既得债权矿权双方之美名,我又被负债卖矿双方之大诮。今欧洲以文明自负,世界上有此公理乎"?主张同欺诈性的合同进行斗争。并且提出各界"果有抵制福公司之意,则当先出其巨款,设立公司,一面作买山买地之资,一面举争约废约之事"。最后痛切陈述:"某等发言之日,正敌人着手之时,此时补牢尚虑亡羊莫救,若待元兵渡河之后,虽有武穆良将,恐难挽宋室偏安。"[③]论理明晰,言词剀切,读者无不感动。

  正当争矿运动掀起高潮之时,在日本宏文学院师范班学习的阳高县学生

---

① 《山西矿务档案》,第17页。
② 景梅九:《罪案》,第55页。
③ 《山西矿务档案》,第22—29页。

第二章 山西同盟会的革命活动

李培仁于1906年农历八月二十六日蹈海自杀，激起在日留学生的极大关注。同盟会员王用宾及当时的山西同乡会会长龚秉钧等经过商议，遂由王用宾借李之名，援笔写成《李培仁蹈海绝命书》，详叙争矿理由和殉矿决心。①言词沉痛，激人奋起。兹将原文照录如下，以飨读者。

呜呼！我最亲爱之父老兄弟，我最敬佩之青年志士，我将于是长别矣！我魂已逝而心未冷也，我目未瞑而口尚欲言也。我非甘死好死，我实不忍见彼紫髯绿睛辈之坏我利权，致我死命也；我实不忍见以矿为生之同胞顿失生计，困苦颠连而转死沟壑也；我实不忍见无矿无路之同胞，脂膏既枯，体魄自殒，相率而至于无噍类之惨状也！（中略）某西人谓中国矿产甲五洲，山西煤铁甲天下。我同胞何幸生于斯、族于斯，拥此铁城煤海之巨富，乃以胡涂之总理衙门，媚外之山西巡抚，于光绪二十四年，私立合同送福公司。此约一成，则为我二千万同胞买下豫（预）约死券矣！某彼时即愤气填胸，欲刺杀胡贼，以谢同胞。奈胡贼去晋，某亦隐忍未发。然尔时虽有一二奸绅贪私利者，订约时实未擦（捺）印，擦（捺）印者徒福公司代表罗沙第耳。此合同实由一面成立。且因艰于运转，未曾着手。尔来正太铁路落成，平定可通，于是胡贼所种之恶因发现矣！福公司派人制图勘地，其代表哲美森来议开掘，不肖官吏视为奇货，因缘四起。幸东洋、内地，电禀交争，张抚亦颇主持。哲美森知难而退，直向北京，运动政府。此时内外人心汹汹，废约二字，众口一辞，使政府稍具天良，知民言可畏，民气难抑，矿产乃其生命，夫亦何难致辞？况当日擦（捺）印者罗沙第，今日出头者哲美森，拒民自开，有背原约，强辞独办，妄解条文。使政府能责问彼不遵合同，废约易如反掌。而在晋抚，尤易为力。因彼未受抚院许可，擅来购地，不问地方情形，禁封民矿。设晋抚据理直驳，士民合力拒抗，虽有虎狼，食之不得下咽矣！至于京官，父母之邦，肌肤之

---

① 李尚仁：《山西争矿运动中李培仁蹈海的事实真相》，《山西文史资料》第8辑。

晋省风雷

王用宾

痛，应不如政府疆吏之秦越相视也。当如何抗辩朝廷，联络学界，同舟共济，死力相争，人非木石，孰忍令先人陵寝之地，沦于异族乎？果如斯也，某虽老弱，亦愿执再生旗而贺于同胞之后矣！何苦以鱼腹之葬，予人以匹夫之诮哉！况奄奄者老亲八秩，呱呱者弱息三龄，不孝不慈，罪深海天，设身处地，某岂甘死哉！乃此心实有迫之不得一息存者，则以政府卖我矿产之惨且毒也！（中略）某大老曰："碍于成约"，是欲一误到底；某尚书曰："已成铁案"，是谓万难移动。甚且外部札晋抚曰：专办不允；合办不允，更缩小至平定一处；若再不允，即不近情理矣。意谓公理上不容有废约之说。噫！非有鬼怪妖孽，断其神经，抉其脑髓，胡为吐此？盖送我矿产、绝我生命之志决矣！我同胞尚势如散沙，形同昏梦，不急拼死救死，舍生求生，以背水一战乎！所谓碍于成约者，我废之而有碍，岂彼背之而无所碍乎？所谓已成铁案者，曷观粤汉铁路合同？但使吾炉有火，那（哪）怕此案成铁！专办等语，尤属不通，废则全废，顾欲留一蛆以延种乎？何专办、合办、部分办之区别，要使福公司不敢动山西一草一木乃达目的。（中略）政府如放弃保护责任，晋人即可停止纳租义务；约一日不废，租一日不纳。万众一心，我晋人应有之权利也。如和平手段不足，则继以破裂，太行义士，顾无继荆卿遗风，怀匕首而愤起者乎？此某之素志也。今已矣，罪莫大焉！虽然，后生可畏，来祸方殷，人心未死，谁不如我。凡诸矿贼，吾知其必有断头裂体之一日也。（中略）

试问：平、盂、泽、潞之矿产，晋人之矿产？抑政府之矿产欤？其果为政府矿产，今日又何必云，山西商务局借款于福公司；若既

第二章 山西同盟会的革命活动

认为晋人所有,则此矿约之成,必晋人认可方为有效,何以出名晋绅未擦(捺)印证,在京乡官屡有争摺(折),即会试举子亦且联名上书,力陈不可,是当日晋人固全不承认此矿约也。而总理衙门,竟敢擅行订立,任意添改。绝秦之案尚存,赂戎之约何效?即至今陈案复翻,死灰再燃,而晋人士庶废约之电函无虑几千百道,始终固未承认。然则,碍于成约者,政府成之耳,非晋人成之也;已成铁案者,政府铸之耳,非晋人铸之也;专办而合办,而部分办,不允则不近情理者,乃政府诸公不知几许贿赂,不如此即无颜以对外人,故不惮蒙洋奴汉奸之羞,而必欲亡我矿产以实其秘(密)约也。我晋人对此,惟有权之可争,又何情之可言!呜呼!合同之立也,刘铁云唱之,而总理衙门成之。晋人不认合办说之起也,盛宣怀议之,而福公司即假以变专办之名而要挟。我晋人仍不认,乃有仅开平定一说。为运道起见,而怀有得寸进尺之隐险,所谓司马昭之心路人共见,姑无论矣!即令知难而退,缩小地区,而片鳞细甲,盗贼不嫌;尺土拳石,主权所有;非有瓜果之缘,何事琼瑶之报?政府乃不责彼悖理而反咎我不情,果西人可畏而晋人好欺负耶?夫以二千余万人民,不克敌政府者,势散耳,情疏耳。若强迫以难堪,恐一溃不可收拾。利害所关,吴越一心,散者合,疏者亲,民气狂激,或趣极端,至演出特别之问题。在政府则夷族屠城,惯用辣手,其如前仆后继、诛不胜诛!何况有人焉为之运策其间,恐铁弩难倒怒潮也!政府诸公宁得高枕卧耶?(中略)

政府而外,卖矿之责厥惟晋抚,刘铁云借债谬论,胡贼主之。洋贿潜行,狼狈为奸,大错一铸,驷马莫追。在总理衙门,即欲受金卖矿,苟晋抚得人,尚可以掣其肘;奈何有其政府,即有其督抚,通同作弊,而至于如此其极也!及赵尔巽抚晋,奏立全省矿务合同,摺(折)内有"除平、盂、潞、泽"等字样,遂贻政府以福公司合同已成铁案之口实。不能恢复利权,反至招风惹祸,赵固难辞其咎。然乡官之奏在前,赵抚之摺(折)在后,有案可稽,无辞可藉(借)。况赵自政府来,在官言官,何敢题(提)背盗卖晋矿之合同?

晋省风雷

苟且言及，恶得假为实据？自废约问题出，张曾扬尚知保守利权，政府遂调张人骏继其任；张亦非媚外者流，则又更调现抚。一时有政府受福公司运动、秘订条约、专卖晋矿之传说，以今日之情势观之，敢断其不诬也。（中略）

某且垂泪裂眦更为我父老兄弟进一言曰：矿产者，命脉也。政府官吏既实行亡我矿产，则命脉断，而我同胞有必死之势。彼令我死，我岂甘让彼生？与其坐以待死，毋宁先发制人。遇卖矿民贼，当破其脑、爆其身，以代天罚而快人心。炸弹乎，匕首乎，我同胞能各手一具，则矿贼虽多，不值一灭矣！某不幸以衰老多病之身，有志未逮，望我可敬可畏之青年志士，为同胞解此问题也。噫！自古谁无死，某愿殉身以为我义侠同胞倡。我同胞虽讥为疯癫，轻为鸿毛，亦所不辞！我非愿同胞之学我死也，唯愿率敢死之气，抱决死之心，出而与卖矿者激战，死中求生。枯海可翻，某死有余幸矣！况此役一溃，晋人得免于死者，几何？与其石烂海枯，终归一死，徒于长城窟、黄河堤增一枯骨腐尸而已，宁若死于矿产问题未解决以前。夫天未亡晋，必有感愤而起，前僵后继，杀身以卫矿者矣！嗟呼！碧海可填，宇宙可塞，矿贼之仇，不共戴天也！

某更欲为我乡官一言：诸君非有代表全晋之资格者乎？非屡经上书、正大光明、始终不认矿务合同者乎？乃政府诸权要竟敢主持，晋抚亦将附和，其藐视我晋人，剥夺我权利，抑何甚耶！不观士绅合力，粤汉之路权收回，京省响应，岭南之督抚更调。诸君对此，应有愤激之情。某所谓破裂手段，诸君容或不取，然先人庐墓所在，子孙衣食所依之地，切勿令他人隧其穴而洞其壁也。一息尚存，此志不容少懈。愿诸君咬定牙根，坚持到底，始终不渝抗争之宗旨，而复有民气侠风为之后劲，彼矿贼胆虽如斗，心亦成灰。则某虽死，亦当与诸鬼雄伏剑而为诸君臂助。

东洋学界，内地学会，固某所注目者也。废约问题，海外一唱，省垣大应，飞电告急，联名力抗，福公司望风逃溃，当道者亦未敢抑制，晋民气振作之起点也。乃自此以往，福公司以静制动，政府为之傀儡，谈判不决，疆吏变迁。（中略）省垣学会，对此存亡问题不关痛痒者，比比皆是。此最可为痛哭流涕者也！相持既久，东洋学界所谓热心者，亦久而渐冷，激烈者亦久而渐平。警告一闻，群相走商，非曰电请，即曰禀求，此外毫无豫（预）备。加之党派交争，意见相持，遂有指同乡为无用，而目争矿为变事者矣。别有肺腑，夫又何责？独怪夫热心爱矿诸君，乃因二三反对者即增惰气，此不可喜者也。要之，山西前途全仗内外学界。某今当与诸君永别，请立一誓：有制吾命者，吾亦毙其命；有绝吾生者，吾亦杀其生！山西人未全死，决不令外族侵我尺寸土！记之，记之，勿忘某此言！盖此后之争矿，非可以要求手段胜，某前既言之矣。某恨未手毙巨奸，唯有一死请罪同胞。而此后得失存亡之责任，则诸君负之。言至此，魂飞气绝，欲语无声，欲泣无泪矣！窗外儿哭，壁间暗语，一似祖宗灵爽以某死为然而深恐其不早者。呜呼！某死矣，某甚不愿以死留矿亡记官世（记念也）！人之将死，其言也善。不善，同胞其加察焉！矿权失，而晋人生命绝。不幸某言而中也。身虽死，目不瞑矣！（下略）①

《绝命书》一经公布，把争矿运动推向了一个高潮。在东京，留学生"看了这一封书的，莫不心伤气涌"。于是景梅九和同人商量，先设起同乡追悼会，由景太昭（耀月字）作了篇骚体祭文，哀音满纸，闻者泣下！其余也有作挽诗的，作挽联的，皆能说出死者的心事。当时豫晋秦陇四省协会才组织起来，也发起一个大追悼会，哄（轰）动了全留学界；挽联挽诗，更是琳琅满目。曾记陕西某君的挽联道：

五千万矿产从此争回，铸公不死；
百二重关山须防断送，痛秦无人。

---

① 《山西矿务档案》，第88—93页。文中的中略、下略为原文所有，非作者所删。

晋省风雷

景耀月

工稳贴切，恰如分际，大家评为名作。①

之后，山西留日学生代表王用宾和梁善济等回省参加争矿运动，并护送李培仁遗体回国。抵达太原后，召开了有数千人参加的追悼李培仁烈士大会。会上，声讨帝国主义侵略的有，讲述争矿道理的有，哀悼李培仁的有，台上声泪俱下，台下群情激愤。会后，他们又把《李培仁蹈海绝命书》印刷成册，广为散发。太原各校学生趁机响应，集会讲演，游行示威，各县学生亦纷纷行动，进一步掀起争矿斗争的高潮。至此，山西各界争矿人士乃改变函电往来之方式，推派代表崔廷献、刘懋赏、李廷飏、梁善济等到北京交涉，并函达英国伦敦法庭，据理力争。经过多次谈判，终于1908年1月（光绪三十三年）在北京签订了《赎回开矿制铁转运合同》，将山西煤矿铁矿的开采权、炼铁权以及筑路权完全争回到自己手中。矿权虽然争回，但是《赎回开矿制铁转运合同》却又规定山西须赔偿福公司勘测运动各费白银二百七十五万两。这是帝国主义借机对山西人民的又一次讹诈。这笔所谓的"赎款"规定1908年先交一半，其余分三期付清。当时山西票号尚处于兴盛时代，山西在京巨绅渠本翘商同各银号先行垫付，然后以山西地丁每两粮银增加二角的办法，分年归还。

争矿运动历时二年有余，耗银二百多万两，但取得了收回矿权路权的胜利。在这次同帝国主义侵略和清廷卖国丧权的斗争中，山西人民经受了一次锻炼，取得了经验。

当时，在帝国主义的侵略之下，各界志士仁人咸以维护主权为第一要旨。矿权虽说收回，但却失去一次利用外资和先进设备发展自己的工业经济的机会。若能祛除不合理之条款，利用外资与设备，修路开矿，山西的机器采煤当会提前若干年。苛求古人，大可不必，此仅笔者一时之设想。

---

① 景梅九：《罪案》，第56页。

第二章　山西同盟会的革命活动

第五节　太原同盟会员掌握武装力量的活动

根据同盟会武装斗争、夺取政权的纲领以及"南响北应"的战略，同盟会山西省分会一面在东京发展会员，壮大力量；一面将工作重点转移到省内，并以发动军人参加革命为主要目标，以便掌握武装力量，在适当时机发动起义。

1906 年，同盟会山西省分会派荣炳回国，运动革命。荣原是太原武备学堂的学生，1904 年到日本学习军事，先入振武学校，后因身体羸弱，转入铁路学校。由于他在武备学堂中熟人较多，所以被选定为在军人中开展工作的骨干。他到太原后，即在武备学堂和新军中介绍王嗣昌、常樾、赵守钰、张煌、潘遇安、应芝、王梦弼、金殿元等参加了同盟会。①这对同盟会打入军队，是一次具有重大意义的举动。

1906 年夏天，同盟会员阎锡山"奉中山先生之命，偕盟友赵戴文各携炸弹一枚，返国布置华北革命。回晋后在家中住了五天，即到五台山周围各县与雁门关内外旅行，向各处学生、教师、商人、僧侣运动革命，历时三月，复赴日本"。②

赵戴文当时已在日本宏文学院师范班毕业，遂留太原，在山西农林学堂和晋阳中学堂等校担任庶务长、斋务长等职。此时，先后回国的同盟会员还有在体育、测绘等学校毕业的王建基、徐翰文（西园）、康佩珩，赵三成、赵承经、李栖鹍、齐宝玺、贺炳煌等人。在太原的同盟会员赵戴文等介绍梁俊耀（字硕光）、杨沛霖（字芳圃）、李嵩山（字子高）、张树帜（字汉捷）等入会；王建基、贺炳煌则到原籍五台、定襄一带发展革命力量。同盟会在山西

---

①樊象离：《同盟会在山西的活动》，《山西文史资料》第 1 辑。李冠洋：《山西乡老座谈山西辛亥起义》，《山西文史资料》第 19 辑。本节资料凡引自上述两文者，不另加注。

②《阎锡山早年回忆录》，《近代史资料》第 55 号。《山西文史资料》第 76、77 辑合刊。

的力量得到进一步发展。

1906年底,同盟会山西省分会负责人之一的荣福桐回省传达同盟会总部关于"加紧革命活动,准备实行武装起义"的指示。由于清政府在太原防卫甚严,传达指示的会议选在五台县东冶镇王建基家中,参加会议的有谷思慎、南桂馨、王建基、赵三成、康佩珩、赵戴文等。荣福桐传达指示时强调秘密发展、储备实力,至于发动起义的具体日期,则须听总部的命令。传达之后,同志们进行了研究,除按照指示行动外,大家认为归绥道西部清廷鞭长莫及,是个空子,应该在那里招兵买马,预作准备。会后即分头进行活动。

1909年,在日本东京陆军士官学校学习的同盟会员温寿泉、阎锡山、张瑜、乔煦、焦湜、焦纯礼、马开崧、李大魁等毕业回省。温寿泉任山西大学堂兵学教员,阎锡山等或在陆军小学堂(1906年由武备学堂改称)任教官,或在山西的军事领导机关督练公所任督练员,使同盟会在军事机关的力量大为增强。

1909年11月,清廷陆军部召集在日本留学归国的士官生在北京举行会试。结果,山西的温寿泉名列优等,被赏给炮兵科举人并授予副军校(相当中尉)的军衔;名列上等的黄国樑、阎锡山、姚以价、乔煦、马开崧、顾祥麟、武滋荣、王宝善、张维清、焦纯礼等被分别赏给步兵、马兵、辎重兵科举人并授予协军校(相当少尉)的军衔。①这次会试使各省军人以及在日本入盟的同盟会员聚首一堂,互通情报,交流经验,对推动革命起了一定的作用。更为重要的是,会试之后,清廷陆军部发出新军协统以下军官须以学生或带过新军者充当的指示,②这就为同盟会员担任新军中的领导职务打开了门路。

山西编练新军始于1902年,到1908年才经陆军部编定为暂编陆军第四十三混成协(旅),下辖第八十五标(团,俗称一标)和第八十六标(俗称二标)两个标,协统领(俗称协统)为江苏丹徒人姚鸿法。据说姚毕业于日本陆军士官学校工科,曾随周馥练兵于广东。周馥调任江苏巡抚,姚随周任江苏督练公所教练处总办。1909年,山西巡抚为江苏人丁宝铨,姚父锡光为陆

---

① 《并州官报》1909年12月3日。
② 傅尚文:《清末山西编练新军及辛亥革命时期阎锡山充任晋省都督记实》,《河北大学学报》1979年第1期。

第二章 山西同盟会的革命活动

军部侍郎，有此因缘，姚鸿法以补用道的名义来到山西，旋被任命为第四十三协统领。两标标统分别为齐允（满族）和马增福，都是旧式军官，昏聩无能，且无带领新军的知识和经验。陆军部的指示发布后，温寿泉被任命为陆军小学堂监督，黄国樑、阎锡山分任两标教练官（相当副团长）。不久，陆军部又任命黄国樑为第八十五标统带，阎锡山为第八十六标统带。日本士官学校毕业的姚以价为第八十五标第二营管带，焦纯礼为辎重队队官，张维清为测量队队官。

黄国樑，字绍斋，陕西洋县人，跟随开店的叔父在太原旅居多年。他也是从武备学堂转赴日本士官学校留学归国的。他虽未参加同盟会，但同情革命，和阎锡山、张瑜是结拜弟兄，与其他同盟会员也过从甚密。

阎锡山，字伯川，五台县河边村（解放后划归定襄县）人，出生于以经商为主的小地主家庭，幼年曾随父经营高利贷和参与金融投机，后因投机失败，流落太原，当过店员，以后又考入武备学堂，转赴日本留学，毕业于士官学校第六期，在此期间参加了同盟会和铁血丈夫团。

黄国樑与阎锡山两人分别担任标统以后，山西新军的实际领导权可以说基本上掌握在同盟会的手里了。经过阎锡山和黄国樑的推荐，常樾任第八十五标教练官，南桂馨任军需官；马开崧任第八十六标教练官（后调马队管带），乔煦任第一营管带，张瑜任第二营管带，他们都是同盟会员。实际反对革命的只有第八十五标第三营管带熊国斌和第八十六标第三营管带瑞镛（满族）。

山西的同盟会员不仅开始进入新军的领导岗位，而且更注意在基层官兵中发展组织。为了顺利地开展工作，一批有文化的同盟会员开始下连队当兵或任文书等职，其中有安邑县同盟会员李鸣凤介绍来的陕西革命青年史宗法（化名弓尚文）、张德枢（化名弓尚德），大宁县的王承绪、王缵绪弟兄，还有代县的李嵩山（秀才）。他们团结了一部分士兵，成绩最突出的首推杨彭龄。

杨彭龄，字篯甫，山东曲阜县人，师范生，同盟会员，曾随宋教仁进行革命活动，后被派到山西工作。他打入第八十五标第二营左队当兵，后升左队三排八棚正目（班长），曾到浮山、洪洞等县招兵，结识了很多新兵。他进行革命宣传，发展同盟会员，首先把容易接受新思想的知识分子作为对象，在

晋省风雷

陆军小学堂中进行工作,在与同盟会员徐步高、卫中砥等的接触中,又向河津刘精三、闻喜支应邅、夏县周俊杰,宣传"推翻满清必然成功"的革命信念,然后于1910年中秋节,在小东门城楼上介绍刘、支、周三人加入同盟会。这些知识分子从此以石达开檄文中的"忍令大汉衣冠沦为腥膻,相率中原豪杰还我河山"的豪言壮语,相互鼓励。①在士兵中则把目标首先集中于住在正目室里的正目。郭登瀛在回忆这段经历时说:杨彭龄"和我住在一个正目室里,他那时才三十多岁,学问比我们大,见识比我们广,待人忠厚豪爽,我们都称他老大哥。我们九个人(左队的九个正目)虽然都是正目,但大家都是血气方刚的青年,对清政府的腐败都很不满。白天在操场上各练各的兵,一到晚上,我们回到正目室就议论开了,我们不满意的事情太多了。……杨彭龄看到我们和他志同道合,就开始给我们讲一些革命道理。在夜深人静士兵们都睡觉以后,他悄悄地把革命党给他寄来的信件、报纸给我们看。看完后赶紧烧掉,不敢让别人知道。记得,那时革命党在山东烟台办着一个宣传革命思想的报纸——《兴华报》,秘密地寄到太原。杨彭龄收到后,就给我们看,给我们讲。就这样,我们知道了许多革命道理"。杨看到时机成熟,就利用旧日的习惯于1911年农历正月十五日这天,在双塔寺一座塔的十三层顶上,歃血盟誓:"俺们是革命党,要扶汉灭清,革清家的命,上不传父母,下不传妻子,谁要走漏秘密,天打五雷轰。"就这样,左队三排的九个正目马孔青、董世臣、王安山、任占标、狄得功、宋有福、杨彭龄、薛文仪、郭登瀛,既是同盟会员,又是结拜弟兄,团结得像一个人

1907年沙畹摄太原永祚寺(双塔寺)

---

① 刘精三:《辛亥革命经历记》,《山西文史资料》第1辑。

一样。①右队士兵中的同盟会员一棚正目刘玉堂、九棚正目薛文锦等与二十四个士兵也结为异姓弟兄,他们每人有一个类似钱帖子的联络暗号。此帖顶端印"天地山",下边印"人和堂",右边印"九江水万年香一心一德",左边印"安天下同体同胞保善良",中间为"凭帖取钱壹吊"。于是"天地山"、"人和堂"、"九江水"、"万年香"就成了他们联络的暗语。这样,在两个标的六个营里,有四个营的士兵革命热情很高。特别是在第八十五标第一、二两个营里,军官和头目大部分是同盟会员或赞助革命的人。②

为了使两标新军革命化,阎锡山与赵戴文、温寿泉、南桂馨、张瑜、乔煦、常樾日夜密谋,决定一面发起成立山西军人俱乐部,表面上研究学术,实际上团结革命同志,暗中鼓动革命;一面组织模范队,表面上作训练的表率,实际上作起义的骨干。王嗣昌、张德荣分任两标模范队长,潘遇安、张培梅、赵守钰、路福保等担任排长。他们都是同盟会员。

这样,新军基本上就被同盟会员所掌握。

---

① 郭登瀛:《参加起义先锋队的回忆》,《山西文史资料》第19辑。
② 陈其麟:《参加太原辛亥起义前后》,《山西文史资料》第9辑。

第六节 山西同盟会员对
巡抚丁宝铨的斗争

　　1909年，丁宝铨由山西冀宁道道台升任山西巡抚。丁为江苏人，办事以干练著称，但他是个保皇派，对革命极端仇视。丁的亲信，督练公所教练处帮办夏学津，颇晓军事，亦极端仇视革命，经常侦察同盟会员的革命活动，准备伺机搜捕。因此，同盟会员将丁、夏作为主要的打击对象，由阎锡山和南桂馨等策划，成立了针对丁、夏的宣传小组。这个小组由同盟会员《晋阳公报》的访员蒋虎臣（名景汾，清源县人），岢岚县的赵萃珍、赵萃瑛弟兄，崞县的张树帜以及协本部的司书弓尚文等人组成，由李嵩山负责。他们经常在报端揭露丁、夏的劣迹，夏妻美艳，经常出入抚署，与丁似有暧昧关系，他们亦将之揭诸报端。于是，舆论哗然。丁、夏恼羞成怒，准备报复。

　　恰在此时，弓尚文将载有与同盟会员往来情况及同盟会活动的日记本丢失。协本部有人拾得后，即向丁告密。蒋虎臣、弓尚文被捕下狱，赵萃珍弟兄闻风逃匿。李嵩山是日记中所写的主要人物，丁、夏搜捕尤紧。南桂馨在记述这段历史时说：

> 其中所记的主要人物就是李嵩山，因为关于奔走登报各事，嵩山出力最多。此外，有关人物更多。因之，姚协统派二标队官祝孝萱至嵩山住所搜捕。我那时与李同院居住，正在紧急之际，我把嵩山送到基督教堂霍心斋处暂避，霍又把他转送到外国人邮务长宅。但这时，姚协统紧闭城门，搜捕嵩山，日久，必有被捕之虞。嵩山倘遭不测，则一切革命计划势必泄露。阎锡山找我设法放李出城远

逃，则一切均无征验，大狱可免。适警务公所职员李树洲不悉此事，来找嵩山。我即延入我的屋里，向他说明嵩山被通缉事，并请他转求警务公所侦探长李成林营救。但树洲并非同盟会员，亦无革命意志，当时我怕他不肯照办，我先晓以利害。我说："弓的笔记涉及巡警道王谟，王与丁抚不睦，倘嵩山被捕，与王诸多不便。"树洲为了他长官的安全，才肯转求成林。成林本系同盟会员，于是欣然慨允。我即在夜间，以轿车送嵩山至成林处，化装警察，以查火车为名，随成林混出城外，登车逃至保定。在保定与速成军官学校学生同盟会员张培梅等会晤，张等为之布置善后，逃至安徽。我又向阎锡山索取百元，赶到保定。这时嵩山已离保定先逃，我交张培梅转寄此款，便又返回太原报告阎锡山。这一危机才算度过。①

这次活动打击了当权者，增强了同盟会内部的团结，提高了会员们的警惕，使初试锋芒的同盟会员又经受了一次考验。

"交文惨案"

宣统二年农历二月初三日（1910年3月13日），山西发生了交城、文水两县因铲除烟苗（罂粟）而酿成的惨案（简称交文惨案）。原来，自咸丰年间以来，交城、文水两县以开栅镇为中心，附近农民即开始种烟，"所出土浆，几为天下之最"。农民因利之所在，扩大种植面积；政府为了增收地亩税，乃"履亩升科"，种烟遂成为半合法性质。1909年清政府又颁布六年禁绝种烟的命令，提前禁绝者，官员受奖。山西巡抚丁宝铨为了邀功，谎报山西种烟业已禁绝。农民以种烟为生，要求缓禁，文水县农会会员杨增荣曾请求县令刘彤光购备杂粮种子，按亩借给，限期改种。刘彤光为了使农民按期完粮纳税，谎称转请抚台明年仍准种烟。于是，农民仍按历年习惯，按时种烟。省咨议局派倡导禁烟和天足的太谷绅士孟步云前往文水宣传禁烟，刘彤光又谎称禁

---

① 南桂馨：《辛亥革命前后的回忆》，《山西文史资料》第2辑。

晋省风雷

烟已经办妥，次年决无一人私种。1910年春，烟苗业已出土，孟步云又去宣传，以"洋烟不禁，中国必危"等语晓谕群众；农民气势汹汹，以禁止种烟"我辈生路已绝，何暇管他朝廷之事"相回答。孟步云回省报告，丁宝铨遂派夏学津率第八十五标第一营（管带李逢春）及骑兵等共五六百人，进驻交城县广兴村和文水县城内。3月13日，夏率兵开进开栅镇，会同知县刘彤光，强令农民铲除烟苗。群众环跪哀求，请对已下籽出苗之处开除禁令。夏学津不依，逮捕武树福等六人。群众乃持农具刀棒，群集追夺，与官兵发生冲突。夏学津下令开枪，击毙群众四十余人，伤六十余人。①旁观者亦受其害，一学生弹中额角，一骑马行人中弹立毙。夏学津复威逼人民，持竿横扫，各村烟苗数日尽除，后又将武树福斩首。夏残民以逞，自以为得计。不料事为《晋阳公报》所闻，总编纂同盟会员王用宾以案情重大，即密嘱该报访员张树帜、蒋虎臣（举人）二人，驰赴肇事地区实地察访，按其见闻写成新闻，揭诸报端。丁抚见报怒形于色，即传报社经理猗氏刘绵训，诬民为匪，否认肇事，要求刘登报更正，并许以知府保升。刘回社商诸各负责人，认为新闻千真万确，不仅不能更正，尚须继续报道。刘以公职在身，乃辞去报社总理及法政学堂监督，赴京暂避，遗职由王用宾兼代；报社理事李少白在京，职务由发行人尚德暂代。次日，丁抚阅报，只见辞职启事，并无更正字样，而王用宾以笔名"蕤"发表的《予欲无言》又寓讥讽之意，遂将张树帜、蒋虎臣二人逮捕，并将对此案敢于说真话的咨议局议员张士秀（同盟会员）以"挟妓逞凶"为名，判刑二年，解回原籍临晋县监狱执行。

此事传到省外，上海《申报》和汉口《中西日报》以及各埠报纸，多予刊载。丁宝铨见事难掩盖，遂变本加厉，将刘绵训专折奏参，又拟逮捕王用宾与尚德，以转移社会视听。王知不能立足，《晋阳公报》亦难继续出版，遂由尚德密送石家庄。王在石撰写《正告山西咨议局》一文，内有"饥民之为匪徒，诸君之充议员，俱见宣统二年之山西，可谓之破天荒，可谓之循环纪念物也"等语；又在"微言"栏里摘《诗经》原句"墙有茨，不可扫也，中冓之言，不可道也"，以刺丁抚。脱稿后，王即东渡赴日，尚则怀稿潜回太

---

① 胡思敬：《劾山西巡抚丁宝铨折》，《退庐疏稿》卷二，第13页。

原，当晚付印。发行后，尚亦密赴北京，报亦从此停刊。①丁宝铨见报，怒不可遏，正欲大兴冤狱，岂料事被御史胡思敬奏参，上谕"交直隶总督陈夔龙彻查，拟议具奏"，丁宝铨气焰方杀。到宣统二年四月初七日（1910年5月15日），始奉谕将丁宝铨交部察议，文水县知县刘彤光革职永不叙用，署交城县知县刘星朗革职，陆军教练处帮办夏学津、陆军步兵第一营管带李逢春均撤差褫革。②但是丁宝铨并未倒台，因此斗争仍在继续。

《国风》"拔丁"

在日本第一高等学校学习的景梅九于1909年毕业回国。1911年春在北京创办了《国风日报》，宣传革命，影响极大。有人曾说东京的《民报》和北京的《国风日报》可抵十万大军。《国风日报》创刊后，矛头之一即指向山西巡抚丁宝铨，在"拔丁"运动中起了重要的作用。景梅九在叙述这一斗争时说：

"《国风》发起的动机固然是以鼓动革命为是，在我个人，则尚寓一番为友复仇的意思。所以一开首，便作一篇《东西两抚之罪状》，东抚是说山东巡抚孙宝琦，西抚是说山西巡抚丁宝铨。两人中，丁为主，孙为客。因从前说过的交文案，王理臣（用宾）、张实生（士秀）、张汉杰（树帜）、荆大觉（名致中，学部主事）诸同志，或逃亡，或系狱，心中愤恨到了极点。故《国风》前半年，几专以'拔丁'为目的，直骂得那丁宝铨，神昏志堕，无地自容；尤以丁之五姨太太卖缺，丁之干女儿夏姬（夏学津之妻）为绝好点染品。张贯三君来京时，告我一段笑话，说：'某候补官儿在饭馆里吃醉酒，学那夏姬；因夏某被御史参掉官儿，向丁求情，莺声燕语地向丁叫了一声干爹，并拜下去道：你老人家总要给他想法子才行！老丁连忙扶起笑道：那自然！那自然！这位候补先生扭扭捏捏，就学了一个穷神尽相。'我听了，编了一编，登在报上，真把老丁气死！冤家又碰着对头，那时荆大觉也在北京，是被丁

---

① 尚德：《山西交文惨案始末述》，《山西文史资料》第3辑。
② 李振华：《中国近代国内外大事记》，台湾文海出版社版。

晋省风雷

参掉了主事的，抱病蒲州会馆。病刚好，我便请他入社，把老丁秽史全揭出来。时郭润轩正编交文案戏曲，大觉补正处很多；弄的老丁要运动封报馆；同时本报攻击曹汝霖，送了他一个李完用（朝鲜卖国贼）的外号。他气的不（得）了，也有运动政府封禁《国风》之说。我将两件事情合起来，做了两句讽言道：'丁宝铨想运动封本报，哼！好脸子，那儿配！李完用也想运动封本报，呸！啥东西，弗害臊！'颇为一时传诵。结果老丁莫把《国风》怎么样，《国风》算把老丁推倒了。因本报每日登丁底（的）罪状，便有人向那清当国的庆亲王奕劻说起丁的闲话来。一日开什么政务会议，由老庆提出来更易晋抚的案子，大家都和丁莫关系，且听见报上登载丁劣迹太多，于是异口同声地说是'应该'！便把这'丁'轻轻地拔去了，换了一个姓陆的。"①这拔"丁"的日子是宣统三年五月二十二日（1911年6月28日）。这天，上谕"以山西巡抚丁宝铨因病奏准开缺"，②算是给丁留了一个面子。

在交文惨案中，同盟会员站在人民群众一边，主持公道，伸张正义，终于斗倒残民以逞的坏官，既取得群众的信任，又积累了斗争经验。

"旧兵退伍案"

辛亥起义前夕，促进同盟会员和士兵团结的另一事件是"旧兵退伍案"。当时，第四十三协协统姚鸿法已调任山西督练公所总办。他为了整顿新军，提出"旧兵退伍，补充新兵，教育一年"的做法，同盟会趁机成立模范队，并以同盟会员担任模范队的领导职务，以培养革命力量。但是旧兵如何处理，却是重大问题，因为旧兵中有许多人已是同盟会员，而且不少是正目，如果听任这些人流散社会，对革命将是重大损失；在老兵来说，退伍即是失业，所以都不愿离开部队。杨彭龄将此情况报告南桂馨，南又转告阎锡山。阎说："已经决定的计划，不易更改，只有我们另想办法，或者把裁下来的人，设法安插到巡防队（旧军）里。"南不同意这种做法，决定另行商讨。最后决定筹

---

① 景梅九：《罪案》，第195-196页。
② 李振华：《近代中国国内外大事记》。

集几千两银子，到绥远后套购地，建设农庄，把退伍旧兵安置在那里从事生产，使他们生活有保障，而又不致分散，一旦有事，集中起来就是一支可观的力量。同时决定，在太原到后套农庄的路上，沿途开设旅栈，安置一些旧兵，做联系工作。南桂馨把这个做法告诉杨彭龄，杨再转达给各营连的退伍老兵，大家都表示同意。

  农历辛亥年八月十五日（1911年10月6日），借中秋节之机，由同盟会员南桂馨、杨彭龄、王嗣昌、李成林、杨沛霖等出面，召集第八十五标第一、二两营准备退伍的正目王泽山、王致嘉、郝富珍、高永胜、于凤山、刘得魁、柳殿魁、谢得元、梁俊玉、马孔青、魏斐然等，以及两营营铺经理（与士兵有赊欠关系）和准备退伍的老兵共八十余人，在太原城内察院后德盛园饭店，歃血饮酒，以"从事革命，誓不背盟"为誓词，宣誓结盟，等待遣散命令宣布后，即按计划分头行动，一旦有事，或闻讯集中，或就地响应，总之以继续革命为目标。不料集会后四天，即爆发了武昌起义。姚鸿法不敢宣布遣散计划，害怕因此促成事变。但是同盟会却借此机会，团结了很多正目和老兵，激发了他们同仇敌忾的气概。① 后来，他们中的许多人成为了起义的骨干分子，有的为革命献出了生命。

  经过这样一系列的工作，太原起义的条件已经成熟了。

---

① 南桂馨：《辛亥革命前后的回忆》，《山西文史资料》第2辑。

第七节　同盟会在晋北的活动和发展

同盟会员在晋北有两个活动中心，一个是二州（忻州、代州）五县（五台、定襄、崞县、静乐、繁峙），一个是大同。

二州五县的同盟会员，一部分是在日本留学时加入同盟会的，他们多数分散在省城太原或其他地方活动，例如赵戴文、徐一清以及其他士官学校毕业的多在太原，王建基、徐翰文等则到了绥西；另一部分是以续桐溪（西峰）为首的当地的"秀才集团"，他们是受了革命宣传的影响，加入同盟会，进行革命活动的，加入这支队伍的，也有少数是从日本回国的。

从1906年开始，到1911年辛亥起义为止，在这个地区及周围各县，都展开了反清活动。各县的骨干同盟会员是：宁武丁致中，定襄牛诚修、贺炳煌、齐宝玺，忻州梁俊耀（字硕光）、石莹、许之翰，五台张淑琳、赵丕廉、赵晋屏、赵长治、郭祯、邓继盛，繁峙任涌、韩耀三、谢濂，静乐武泽霖，代县张晓、李荆山、李衡山，神池宫宝衡，岢岚赵萃珍、赵萃瑛，崞县续西峰、弓富魁、续式甫、续西堂、邢斌丞、兰军等。

1906年，同盟会员谷思慎和丁致中回国，到宁武倡议创办中学，并介绍南桂馨、冀学蓬、丁梦松、周象山等加入同盟会。当时，学校经费无着落，而朔县一带的天主教民，向来借教会的势力，由宁武拉煤炭，不交捐税，甚至殴打收税人员。谷思慎和南桂馨等领导小学教师王宪、冀学蓬等对主教进行说理斗争，从此教民才按章纳税。当地就以此项收入创办起宁武中学。谷思慎等在晋北一带的活动，在社会上起了相当的作用，引起当局的注意。山西巡抚恩寿命令通缉。因为谷之伯父谷如墉是清政府派往陕西省的财政监理官（钦差），地位较高，所以地方政府对谷家特别关照，事先通知谷思慎迅速离开宁武。谷偕南连夜出走，躲避于丁致中家中，相机鼓动朔县人李树勋编唱反清鼓词，进行宣传。他们转移至静乐，又介绍武泽霖加入同盟会。之后，转赴五台县东冶镇，与赵戴文相见，并参加了荣福桐传达同盟会总部指示的会议。谷、南感到在国内无法立足，遂东渡日本。①

忻州的革命活动开始于争矿运动。在太原追悼李培仁烈士大会上，山西大学堂忻州肄业生梁俊耀发表了慷慨激昂的演说，令赵戴文深受感动。赵介绍他加入同盟会。梁毕业后在忻州中学堂工作，相机进行革命宣传。不久，梁即下乡开展工作，发现曾在令德堂学习过的王建屏（字树侯）在本村车道坡组织全村壮丁，进行教育训练，称为"乡团"，即介绍王加入同盟会。王因派人向天主教募款发生争执将一名教民打死，被捕入狱。二年半出狱后，转赴绥包等地活动。梁俊耀在家乡温村训练壮丁，组织起有四十多支来复枪的武装。石莹、许之翰回国后，许任劝工厂坐办，劝工厂遂成为忻州附近同盟会的活动中心。他们以提倡民族工业、教授新式机器织布法，掩护同志，又以卖布为名，联络同志。②到辛亥起义前夕，革命力量已相当雄厚。

在晋北进行革命影响最大的是续西峰。他是崞县西社村（又称西坡头）人，才识过人，曾应县试得秀才，平时谈吐常发表反清言论。五台王建基、徐翰文和定襄贺炳煌等赴日留学时，曾再三嘱咐他们除学习外，要联络革命同志。同盟会成立后，当时在山西大学堂学习的续西峰即密函同盟会总部，代为注册入会。1905年冬续在山西大学堂毕业后，即在崞县宏道镇设立自治局，筹办地方自治，进行革命宣传，又成立川路学校，除教文化知识外，引导师生阅读《民报》等革命报刊，对学生进行军事训练，培养革命骨干。1910年，山东著名同盟会员刘冠三，化装成书贩，挑上担子，到山西察访革命志士，相机运动革命。走到西社，与续西峰相见，对续讲述革命理论并介绍革命形势。从此，西社村成了同盟会在晋北的一个活动中心。③

当时，在忻州、崞县一带有一种称为"光棍"（也叫白花，即闾巷之侠）的人，行侠仗义，平常以聚赌或组织戏班闯荡江湖，虽然没有什么组织，但互通声气，在社会上有一定的力量和影响。他们的代表人物就是崞县的弓富

---

①南桂馨：《辛亥革命前后的回忆》，《山西文史资料》第2辑。李冠洋：《山西乡老座谈山西辛亥起义》，《山西文史资料》第19辑。
②梁硕光等：《同盟会员在忻州地区的活动》，《山西文史资料》第19辑。
③张淑琳：《续西峰事略》，《山西文史资料》第13辑。李冠洋：《山西乡老座谈山西辛亥起义》，《山西文史资料》第19辑。

晋省风雷

魁。续西峰认为"光棍"多是没有产业的下层群众，如果正确引导，是一支可以发挥作用的力量，于是主动接近弓富魁，启发他的反清意识，并介绍他参加了同盟会。从此，弓以戏班和赌场为掩护，在晋北和归绥地区，进行革命活动，团结了一批"好汉"和下层群众，后来成为辛亥起义后成立的革命武装——忻代宁公团的骨干力量。①

定襄县的贺炳煌和齐宝玺于1905年到日本品川体育学校留学，1906年加入同盟会。1907年回国后，他们介绍牛诚修（字明允）、郭薇仙、梁述堂、梁廷珏等人参加了同盟会。他们在县知事王正鸿的支持下，成立公立两级小学堂。王还委任贺炳煌为劝学所所长，在各村普遍设立学堂。1908年王正鸿卸任，继任知县谢桓武与新学为难，解散了公立学堂，辞退了教员。贺出走河南。1909年，王正鸿复任知县，撤换守旧人物，以郭允垣为教育会会长，齐宝玺为高等小学堂堂长，牛诚修为县自治所所长，贺炳煌为巡警教练所所长。他们宣传革命，团结群众，在定襄形成一支革命力量，并和五台、崞县的同盟会员有密切联系。②

代县最积极的同盟会员是李嵩山。他是沙洼村人，秀才，曾设私塾授徒。后因痛恨清政府的腐败，投笔从戎，到太原将弁学堂学习半年毕业后，任军队司务长，与《晋阳公报》访员蒋虎臣、张树帜等，组成小组，专门揭发山西巡抚丁宝铨等人的劣迹。事泄后，逃亡安徽，后回代县，在大同等地进行革命活动。

续西峰

①南桂馨：《辛亥革命时期新军以外的各种力量》，《山西文史资料》第3辑。
②齐宝玺：《定襄辛亥革命活动》，《山西文史资料》第2辑。

第二章　山西同盟会的革命活动

　　大同参加同盟会比较早的是续西峰介绍入会的李德懋、刘干臣（吕祖庙道士，法名本悟，吕祖庙在今天大同的鼓楼西街）。李德懋字官亭，大同人，绿营军官子弟，精通拳术，经常设场卖艺，联系群众。1910年，同盟会派刘冠三、段亚夫、王虎臣（直隶人）、寇煜（湖北人）到大同工作。他们先与巡警局巡官樊荣相识，由樊帮助在大同东街九龙壁附近开设面铺，进行秘密活动。寇煜在大同府中学堂担任国文教师，倡导革命。他们与李德懋、刘干臣等取得联系后，工作取得显著进展。樊荣，电报局夫役徐寿山，退伍军人宋世杰，绿营驻马口参将武万年（安徽人），镇台衙门大旗孙占标以及傅殿臣、傅殿举、马根义、中学堂庶务常珍、学监王冠、学生李国华、倪虎臣、彭继先，和尚性聪、开莲、常法、常育，拳房学徒郝贞、高保银等都参加了同盟会。当年，同盟会大同支部在吕祖庙成立，李德懋、李国华当选为负责人。宋世杰、孙占标根据大同支部的指示，进一步在清军内部进行工作，先后争取哨官孔宪林、什长傅殿邦等官兵二十八人参加同盟会，并打入官绅成立的"大同民团"，派邢儒、李少兰等入该团当兵，相机发展革命力量，为大同起义创造了条件。[1]

---

[1] 大同市政协：《大同辛亥革命纪要》、《辛亥大同同盟会的活动和作用》，《大同文史资料》1-5辑合订本。

第八节　同盟会在归绥地区的活动和发展

清末的归绥道，即今内蒙古自治区中部和西部地区，是山西省的四道之一。同盟会山西省分会成立之后，认为它处于京师右侧背，地域辽阔，清廷鞭长莫及，统治力量薄弱，也应该在这里开展革命活动。同盟会活动的地区，一是西部的包头和萨拉齐，一是东部的丰镇。

包头当时是萨拉齐厅的一个镇，由于有水旱码头，商业繁荣，人口较多，所以地位相当重要。戊戌变法以后，一些新思想传到包、萨青年知识分子中，后来同盟会鼓吹革命的报刊也传了进来，要求改革，要求革命，成了当时进步青年的话题。最早来到包、萨一带开展工作的是王建基、徐翰文、杨沛霖和李小峰等人，他们在王四少爷家中聚会，密谋起义。事泄后，绥远将军贻谷将他们逮捕。徐翰文和王四少爷全家遇害，王建基和杨沛霖被捕，李小峰逃脱后，回到崞县西社村向续西峰作了报告，经弓富魁设法，才把王建基、杨沛霖营救出来。[①]

1908年前后，忻州同盟会员王建屏来到萨拉齐。为了掩护身份，加入耶稣会并在教堂附设的学堂担任教员。后来因为外国传教士发现了他的密信，被辞退。之后，他到包头在南河槽摆卦摊，继续进行革命活动，忻州"十大野鬼"之一的毛周祥，为他负责交通联络。他的接触面较广，蒙族汉族，上层下层，都有他的朋友，但是他把争取的对象放在上层人士。包头有萨拉齐厅咨议局的分支机关，也叫咨议局，咨议员有蒙族也有汉族。在蒙族咨议员中，云亨（字嘉会）第一个被他发展为同盟会员。接着，经权（字子衡）、满泰（字子舒）、武海（字瀛洲）、二仓（云亨之父）和安祥（字子正）也都入了会。在汉族咨议员中，郭鸿林、王定圻、王肯堂、李茂林、李士元、李士修等也都成为了同盟会员。

[①] 李冠洋：《山西乡老座谈山西辛亥起义》，《山西文史资料》第19辑。

第二章 山西同盟会的革命活动

在包、萨一带的另一个同盟会活动家是大同人李德懋。他除了在大同设场卖艺进行革命活动外,也经常同宋世杰到包、萨一带使拳弄棒,因此在口外有许多师兄师弟。他们联络和发展的对象是拳术手、赌博汉、包头死人沟"梁山"上的乞丐和其他下层无产者。受他们影响最深的是包头的大"白花"、绰号叫做"长毛子"的刘继汉和萨拉齐的大"白花"、绰号叫做"胖挠子"的张万顺。

同盟会另一个活动中心是东部的丰镇。

丰镇与大同毗连,是归绥道口外十二厅(县)之一。在丰镇、兴和、陶林、凉城一带,教堂林立,外国传教士和不法教民、封建地主,以及土豪劣绅、贪官污吏,勾结起来欺压人民,从而激起了人民的反抗。

王建屏(力空)

他们有枪有马,有的数十人一伙,有的百十人一伙,活动于张皋、隆盛庄、猴儿山一带。他们没有明确的行动纲领和口号,占山为王,所以统称之为"独立队",其中最出名的是号称"小状元"的张占魁。

来到丰镇进行革命工作的同盟会员,第一位是弓富魁。他以赌博为掩护,结识了丰镇许多"好汉"。他在丰镇城内忻州巷李毯子院内开设了一家"书子房"(民间送信组织),由忻州人杨金牛主持,实际上成为同盟会员的工作机关和联络站。弓富魁除了和"独立队"的好汉们有来往外,也做上层人士的工作。丰镇绅士李苑林,曾任江苏嘉定县知县,愤世嫉俗,在弓的启发下,暗中策动反清活动(他是山西省咨议局议员,辛亥起义后,被派赴晋北招抚,在雁门关被守军枪杀)。接着来的是大同的同盟会员王虎臣和李德懋。经过弓富魁的介绍,王虎臣结识了"小状元"张占魁以及"独立队"的其他头目,在半年多的交往中,他使这些人认识了只有推翻清王朝才能解除人民痛苦的道理。王虎臣曾任陆军清河中学堂地理教员,熟谙军事,有胆有识,"独立队"各头目把他奉为军师。王还通过丰镇警务长杨在田(名献贵,忻州人)的介绍,与丰镇厅同知章同会晤,动员章同参加革命。章以"祖孙三辈,世受皇恩,碍难从命"谢绝。王见章不为所动,恐章泄露机密,于是决定时机

晋省风雷

成熟时先除章同。

另一个在丰镇进行革命工作的是李德懋。由于他精于拳术，被警务长朱尧（山西猗氏县人）聘为武术教师。他向朱宣传革命思想，朱深为感动。经朱介绍，他又认识了厅署书启师爷郭福昌和亲兵队长田子功。他们后来都成为革命同志。朱尧思想转变后，剪掉辫子，引起章同怀疑，被撤职。朱被撤职后，由杨在田继任，后又调亲信杜维林代之。朱尧后来向章同认错，又被委为弓沟区官。人事更迭，引起李德懋的警惕，他不敢在城内居住，乃转移隆盛庄区官邓绍禹家中。邓是个革命者，他与弓富魁经常互通声气，对革命的策划和联络起了很大作用。他还介绍李德懋与驻丰镇的三旗马队管带汪荣九结为朋友，汪在李的启发下，亦赞同革命。章同在拒绝王虎臣的劝导并将朱尧撤职后，加强戒备，严防革命党人起义。以"小状元"为首的"独立队"在弓沟与朱尧取得联系，当地士绅张子光、秀才徐登第、赵钱子等亦赞同革命，他们也在积极进行起义的准备工作。①

经过同盟会员几年的努力，归绥道东西两大重镇的革命力量已有了相当发展，起义也到了一触即发的地步。

---

① 本节资料主要引自内蒙古自治区政协文史资料研究委员会编印的《内蒙古辛亥革命史料》一书中巴靖远等：《辛亥包萨革命经过》，崔毓珍等：《辛亥丰镇起义纪实》。两文均收入《辛亥革命回忆录》第五册。

第二章　山西同盟会的革命活动

第九节　景梅九和井勿幕的"秦晋联盟"

1907年，景梅九从日本回国，在北京遇到陕西省的同盟会员井勿幕。景梅九约井勿幕同游山西，以便为将来起义时的秦晋联军作一计划，井勿幕欣然允诺。为了保密起见，井化名岳文渊，两人相偕赴太原。车过娘子关，井勿幕说："此真天险，奈已通火车，失却一军事要塞，但有能者亦可守！"景梅九回答道："不错！庚子岁，清兵曾据此击退德军！"在太原住数日，又相偕南行。一日在店房，景梅九忽然心血来潮，向店家要来笔墨，在白粉墙上，仿《水浒传》上吴用智赚卢俊义的反诗，写下四句话：

杀人如戏，
满怀心事，
平不平耳，
胡为踌躇！

井勿幕

井勿幕看了笑道："原来是杀满平胡。狡猾，狡猾！"两人行至平阳府（临汾），井勿幕也在旅店墙上写道：

异日得志，当精练八旗子弟兵，灭尽汉奴！
锡昌醉书

景梅九看了笑道："我不及你的反激法，但太毒了！"井勿幕说："满奴中有良弼者，尝有此语，并非我凭空捏造的。"两人谈笑，总不离反清革命。

晋省风雷

谈到秦晋联军时，井勿幕偶翻《渔洋诗话》，看到两句现成的诗句，便脱口念道："晋国强天下，秦关险域中。"景梅九笑道："这恰是替秦晋联成了婚姻！"到得河东，借游解州，观察地形，登桃花洞顶，井勿幕指顾河山，叹曰："他日革命，如须（需）秦军帮助，我必率偏师，下河东矣！"景梅九甚壮其言。

井勿幕时年十九岁，家在陕西蒲城，十五岁逃出家乡，走四川，游日本，四年未归，急于还乡。临行，与景梅九约定，西安如有事，"即函邀河东诸同志，到秦中共商大计"。想不到时过未几，即来信荐景"在西安高等学堂作英文、算学教习，每月薪水百金"，还注了几句暗语，意谓"教员不（无）关紧要，大家可以在清政府注意不到的地方，图谋革命"。景梅九想到"在日本办杂志印书，很受金钱的苦痛，极愿得一笔巨款，供革命运动的花费"，便和李岐山等商量之后，答应下来。

景梅九在西安任教后，即携妻阎玉清以及李岐山等，与同盟会员井勿幕、井的哥哥井岳秀（字崧生）、王一山、李仲特、马开臣、邹子良、郭希仁等相见，又与赞成反清的文化界人士张东白、李桐轩、吴葆三、朱素舫等会面，每日奔走革命，可谓不遗余力。为了便于活动，马开臣介绍景的妻子阎玉清参加同盟会。当时妇女参加同盟会的极少，她为同盟会做了不少工作。

这年春，同盟会员杜羲（字仲虙）到西安找景梅九策划革命活动。革命同志在一起，也常常吟诗唱和。一次，在十五月圆之夜，数人聚会，杜羲仰望明月，即席吟五言诗一首：

搔首问青天，春归到那（哪）边？
月圆三五夜，树老一千年。
灞上无穷景，囊中有数钱；
同为沦落者，相见倍凄然。

景梅九觉得此诗有些伤感，却也未作理会。

一天傍晚，他们从陕西同盟会员张凤翙（辛亥陕西起义时，张被举为都督）家里畅谈出来，在南城门边喝了两碗浆，杜羲看见天上东西两星辉耀，随即道出两句民谣:"彗星东西现,宣统二年半!"景梅九随即附和说:"这两句谣谚在民间相传,但不知甚么意思?"那卖浆者回答说:"甚么意思?就是说清朝快亡了!明朝不过二百几十年,清朝也二百多年了,还不亡么?"景梅九大悟道:"原来如此。"这时,站在旁边的一个警察也说了两句赞叹的话。他们回到寓所,觉得这个场面很有趣,"犯上作乱"的话不但没有被检举告发,而且还有人赞成附和,为革命高潮的即将来临而欢欣鼓舞。

那卖浆者和警察,想不到竟成了这两句民谣的义务宣传员。过了两天,陕西同盟会员邹子良、李仲特等都向景梅九说:"外边流传一种谣言,很厉害!什么'彗星东西现,宣统二年半'!人心大动摇起来。"有人还说:"明年猪吃羊,后年种地不纳粮!"后来又有人编出:"不用掐,不用算,宣统不过二年半!"

景梅九想起杜羲初来时那首带有伤感情调的五言诗,乃步原韵,结合民谣吟出一首充满战斗精神的五言诗:

> 举首望长天,光芒射半边,
> 彗星十万丈,宣统两三年。
> 百姓方呼痛,官家正欲钱;
> 也知胡运毕,何处不骚然!

这些歌谣和诗句,迅速在社会上流传开来。特别是那几句歌谣,在陕西关中和山西河东,几乎是家喻户晓,成了反清革命的动员令。

景梅九在西安活动多日,同盟会员都觉得有组织团体的必要,马开臣、李仲特、邹子良、王一山等二十多人在开元寺集会,公推李仲特为会长,由景梅九拟了几句密约。前两句是"秘露死决,接交宁缺",意思是泄露秘密处以死刑,吸收同志要严格挑选,宁缺毋滥;末两句是"分途并进,破坏建设";中间几句则是争取哥老会参加革命的话。他还不忘在东京制定的"南响北应"的战略决策,听到汪精卫刺摄政王的消息后,预计革命时机日益接近,遂邀集同志,在大雁塔顶上研究行动纲领,并计划赴日联络。景梅九记述道:"当时同志,因听见精卫案件,知道革命的时机已迫,非速谋进行不可。在开

晋省风雷

元寺开会后，大家已有一种团结精神，但大计划尚未决定。是年（注：1910年）春，因和在西安诸同志相约，游慈恩寺，共登那座有名的雁塔，旋梯而步，直上高层；塔心甚宽，洞开八面，俯视遥看，城野如画。那时人心，不在这些景况上留意。等候齐登到上边，聚首共谈，定革命南响北应的大势，以'启发于东南，成功于西北'为勉词。我把自己要再到日本和同盟诸君，切实联络计划一番，然后进行的意思，向大家说明，都很赞成。"[1]

临行前，景听说张凤翙回来了，特地偕同杜羲前去看他，劝他无论如何得加入军队，以进行革命（张是日本陆军士官学校毕业生，在东京参加同盟会，后来陕西起义，当选为都督）。景梅九还留书给寇圣扶，命他联合蒲、富一带刀侠，准备起事。

井勿幕在太原，景梅九在西安，共商革命大计，虽然没有订立什么密约，但在事实上形成了革命联盟。辛亥年，陕西省起义在先，河东张士秀、王用宾等同志到秦庭乞师，井岳秀、井勿幕等率部攻克运城，实现了井勿幕当年在太原所说的"他日革命，如须（需）秦军帮助，我必率偏师，下河东矣"的诺言，为秦晋之好写下了新的光辉篇章。

---

[1]本节资料均取自景梅九所著《罪案》。

第二章　山西同盟会的革命活动

第十节　同盟会在晋南、晋中的活动和发展

1909年，景梅九回到家乡运城，首先介绍李岐山、郭质生（字润轩）加入同盟会。他们拿出全副精神，从事革命活动。井勿幕学过制造炸药的方法，曾寻药料配制炸药，可惜药料不全，只得作罢。后来安邑知县龙潢要景梅九创立教育会。景愿借此多拉拢几个同志，便答应下来。教育会组织起来之后，李岐山、郭质生自然是重要会员，便把教育会作为革命活动的基地。郭性刚烈，李性豪爽，宣传革命，锋芒毕露，便遭到一些劣绅的反对。景也不客气，便把几个劣绅都辞退了。这就惹恼了他们，有位劣绅写了一个匿名揭帖，贴在街墙。上面写道：

定是革命党，开口称康梁，恐吓县主；
成何教育会，私心用郭李，扰乱学堂。

两句的第一个字连起来，就是景梅九的名字"定成"。这是公开揭发景梅九是革命党。他们看了，耻笑此劣绅不知孙、黄，还谈什么揭发革命党，置之一笑。殊不知高等学堂的堂长也写信向省城告密。虽然被人发现，未成事实，但郭质生代表教育会到学堂视察时，却被堂长鼓动学生捆起来打了一顿，还送县署关押。郭被释放后，与这位堂长狭路相逢，也狠狠地教育了他一顿，听说知县发签捕他，便在景梅九和李岐山的协助下逃往陕西。这些活动对当地的保皇势力是很大的打击。

李岐山入会后，活动非常积极，不但在安邑本地宣传革命，发展同志，与景梅九到西安后还介绍郭希仁、马开臣加入同盟会。景梅九在西安与同盟会员接触频繁，李岐山不甘寂寞，对景说："君留秦，我去晋，分道扬镳，各谋革命进行事业，将来或有会合之期。"景梅九同意他的意见。李即返安邑，后来在运城开办汇文书局，作为宣传革命的机关。以后他又在太原加入铁路

晋省风雷

学校,并开大亨栈,继续进行革命活动。景梅九由陕西再度赴日后,其夫人阎玉清回到运城,主持河东女学堂,把女学堂变成了革命机关。王建基于1907年在萨拉齐厅起义失败后,也来到运城从事革命活动。"交文惨案"发生后,同盟会员张士秀被押解至临晋县监狱,他们与王平政等联合起来为张士秀的获释而斗争。

在附近各县进行革命活动的还有虞乡尚德、胡足刚,猗氏李秀等。

在临汾,同盟会员侯少白等在进行革命活动。洪洞、赵城一带,革命力量尤为雄厚。洪洞的温寿泉、李大魁、陈玉麟(汉阁)、郭彤廷,赵城的张煌、张呈祥、崔洵、李抡藻,都是著名的同盟会员,他们在地方上有很大影响。而在地方上宣传革命最积极的是刘拱璧。当时在赵城和洪洞,哥老会的势力很大,与官府进行斗争的事件亦多,他们就对哥老会的成员进行革命教育,争取他们参加革命行列。正因如此,辛亥起义后,洪、赵成为民军补充兵员的一个重要基地。

在晋中,灵石的何澄于1909年回县进行革命宣传,太谷有四川人公孙长子秘密进行革命活动。

经过几年的努力,同盟会在山西南北各地,遍布革命火种。可以说已经万事俱备,只要时机成熟,一经发动,就会燃起熊熊的革命烈火。

第三章　太原新军起义和山西军政府的成立

Taiyuanxinjunqiyiheshanxijunzhengfudechengli

第一节　起义前的太原形势

第二节　太原新军起义成功，清王朝在山西的政权被摧毁

第三节　山西军政府成立

第四节　藩库被抢，民商遭殃

第五节　恢复秩序，布告安民

第三章 太原新军起义和山西军政府的成立

第一节 起义前的太原形势

在山西，清政府的最高官员是巡抚，俗称抚台，办事机关叫做巡抚衙门。当时的山西巡抚是陆锺琦。陆是顺天宛平县人，原籍浙江萧山，进士出身。1911年6月丁宝铨因"交文惨案"被开缺后，陆由江苏省布政使任上调升，10月6日（农历八月十五日）来到太原，7日就职。

巡抚以下的官员是：

布政使王庆平，又称藩台，管理财政；

提法使李盛铎，又称臬台，管理司法；

提学使骆成骧，又称学台，管理教育和考试；

劝业道王大贞，又称道台，管理实业；

巡警道连　印，又称道台，管理治安。

此外，还有1909年成立的民意机关——山西省咨议局。议长梁善济，副议长杜上化。

在太原，还有太原知府周渤。冀宁道也在太原办公。

清末裁汰绿营，改练巡防队。山西有巡防队三路，前路巡防队由太原镇总兵统领，驻临汾，巡防地区为河东及上党地区各州县；中路巡防队由大同镇总兵统领，驻大同，巡防地区为韩侯岭以北，外长城以南；后路巡防队由绥远将军节制，巡防地区为口外各地。另有太原抚标，即巡抚卫队。各路巡防队，原则上每路七旗，每旗三百人。旗分左、中、右三哨，每哨一百人。

1902年，岑春煊任巡抚时，山西开始裁汰旧军，编练新军，但进展缓慢，直到1905年才设督练公所，1908年始编定为暂编陆军第四十三混成协。

太原旧军只有巡防马队一营，驻小二府巷营盘，管带为谭金标。此外，新满城（今新城街）由城守尉增禧（满族，留日学生，后行医，善画）率兵一旗护卫。巡抚还有亲军卫队。

太原起义前夕，新军第四十三协统领姚鸿法已于1911年夏改任山西督练

晋省风雷

公所军事参议官，谭振德接任统领。谭振德是清政府陆军大臣荫昌的门生，毕业于北洋军官学校，曾任第四镇标统和云南新军的协统。荫昌为控制山西新军，派谭到山西，先任督练公所参谋处总办。他好打小报告，在现存的他呈荫昌的禀帖中写道："窃学生自抵晋以来，凡有关军事之重要及诸弊端之发生，均不敢用正式公文申报，特用禀随时报告，以期有备采择于万一。"所以当第四十三协统领出缺时，在陆军部保举的候选人谭振德和阎锡山两人中，谭振德被选中了。宣统三年六月十九日（1911年8月13日），上谕："山西参谋处总办谭振德着派充山西暂编第四十三协统领官，并赏给协都统衔。"

荫昌

谭振德是反对革命的，但是标统以下的主要军官多数是同盟会员或革命同情者。第八十五标三个营管带依次为白文惠、姚以价、熊国斌，前二人同情革命，只有熊国斌反对革命。第八十六标三个管带依次为乔煦、张瑜、瑞镛（满族），前二人是同盟会员，只有瑞镛是反对革命的。在协直属部队中，骑兵营管带马开崧和辎重队队官焦纯礼是同盟会员，炮队队官张治尧和工程队队官殷铭，陆军警察队队官李润发，测量队队官张维清，有的同情革命，有的也不反对革命。在两标的队官（连长）和士兵中也有不少是同盟会员。所以，军队的形势是有利于革命的。

新军驻防太原城内外。第八十六标标本部及第二营驻文殊寺（今东仓巷）营盘，第一、三两营驻后小河营盘。第八十五标标本部驻菜园村营盘，第一、二两营驻狄村营盘，第三营驻岗上营盘。辎重队和工程队驻南门外，骑兵营驻满洲坟（今晋阳饭店西南），炮队驻菜园村。新军共约4500余人。旧军全在城内，约六七百人。①所以从数量上说，也是有利于革命的。

---

①军队情况参考下列资料：傅尚文：《清末山西编练新军纪实》，《山西省太原市关于辛亥革命资料初步汇集》（油印本）。

第三章 太原新军起义和山西军政府的成立

陆锺琦对同盟会的活动早有所闻，所以到职以后，就千方百计地企图予以扼杀。他首先派人修理城墙，进行防范；召见留日学生并到各学堂视察，以观察动静；视察新军，看到官兵多无辫子，心中十分害怕；还着人蒐集同盟会员名单，准备一网打尽。①

这些事还没办妥，10月10日便爆发了武昌起义。这下陆慌了手脚，立即召集督练公所总办姚鸿法和协统谭振德，以及下属衙门的高级官员会商对策。他们认为新军不可靠，应该调到省城以外驻防，并决定立即调巡防队两旗到太原（行至忻州，太原已起义，被忻州知州朱善元劝阻回到大同）守卫巡抚衙门和弹药库等要害部门。陆还亲自到陆军小学堂观察动静，讲了一些反对革命的话，不许学生参加革命活动。陆怕学生发动革命，在精营城墙（今精营街）上架起一根高竿，准备了一盏红灯，命令陆军小学堂总办刘冠军，一经发现动静就立即高挂红灯，以便派兵镇压。②10月22日西安起义后，陆锺琦急电驻平阳府（临汾）的太原镇总兵谢有功，调集所部在平阳府集中待命，并令谢有功亲自巡视河防，以防革命军由陕入晋。又召集军政官员开会，决定将分驻南北各地的巡防队调回太原一部，稳定省城治安；将新军第八十五标调往蒲州，第八十六标调往代州，以分散集中在省城太原的革命力量。

这时，陆锺琦的儿子陆光熙（字亮臣）应其父之召，到太原来做缓和之计。"他（陆光熙）知道陆锺琦反对革命，又不能拥兵自卫，此次来太原，既欲维持他父亲的地位，又怕时局决裂，所以他的计划是俟革命军至，不战不降，调停中立，联系上级军官，以取和平。"③陆光熙和黄国梁、阎锡山是在日本士官学校的同学，知阎为同盟会员，到并后即找阎相商。陆光熙说："我此次来，即为与兄研究晋省对武昌事件当如何应付。兄有意见，弟对家父尚可转移（达）。"阎锡山答道："武昌事件的真相，我尚不知，黎元洪究系为革命而起义，抑系别有原因，我也不明白。是不是我们现在谈应付武昌事件的话，还有点太早。"陆光熙又说："我们还可以再观察几天，不过我可以

---

① 石作玺：《辛亥年太原起义之前夕》（未刊稿）。
② 《太原起义目击记》第四节，《山西文史资料》节1辑。
③ 孙振汝：《陆锺琦父子之死》，《山西文史资料》第19辑。

晋省风雷

和你说,最后需要家父离开时,我也能设法。"阎笑了一笑说:"这话说到哪里去了,你来,我们更说不到那样的话了。"阎锡山曾回忆说,当时陆锺琦有两件事急于进行,一件是山西有五千支德国造的新枪,要借给河南三千支,已运走一部分,另一件是要把新军两个标调出太原由巡防队来接防。阎锡山"猜疑陆亮臣此来,完全是想敷衍住我,把运枪和开兵两事做成"。[①]因此,谈话再未进行。

---

① 《阎锡山早年回忆录》,《近代史资料》第55号。

第三章　太原新军起义和山西军政府的成立

第二节　太原新军起义成功，
清王朝在山西的政权被摧毁

　　1911年10月10日武昌起义后，以陆锺琦为首的山西清政府官员在积极筹划对策，同盟会员亦在紧张地策划起义。但是清政府为了防止新军造反，平时是不许新军携带子弹的。有枪无弹，难以举事。因此，同盟会员们都在积极准备，待机发难。

　　阎锡山和赵戴文估量了一下两个标的力量。阎锡山认为："我的二标的三个管带（营长），张瑜、乔煦都是我们的坚强同志，只有瑞镛是个旗人，其余下级军官，都很可靠，行动的时候，只要把瑞镛一个人囚禁起来，即无其他顾虑。骑炮营是些老军人，不赞成，也不会反对，且炮兵中有不少下级军官和头目（班长），是我们的同志，可能控制该营。工辎队虽不同情，亦不会有急剧的抵抗，且人数又少，关系不大。需要特别注意的，只有一标，因为一标的黄国樑标统与我私交虽好，但不是同志，他的三个管带白和庵（文惠）、姚以价、熊国斌亦然，故只能从下边运用，因为队官（连长）与头目之间，我们的同志还不少。"①实际上，一标下层官兵的革命要求非常强烈，这是后来起义发动于一标的原因之一。

　　1911年10月28日（农历九月初七日），山西巡抚命令第八十五标先行出发。

赵戴文

---

①《阎锡山早年回忆录》，《近代史资料》第55号。

晋省风雷

李成林

"但如整队出发，又怕途中有变，反戈回攻太原。因令标统黄国樑率领标部全体人员，只带先行步队一队出发；其他本标（一标）各营，待命出发。但是未经出发之前，不得发给子弹。"

第八十五标接到出发命令后，即向有关当局领取子弹。子弹到手，起义的条件就完全具备了。

"九月初七日下午，同盟会员在黄国樑家中开会计议起义办法，当时到会者有：黄国樑、阎锡山、张瑜、温寿泉、乔煦、赵戴文、南桂馨。南提议：我军开到河岸后，联合陕军，反攻运城、临汾、太原。阎、黄、温等均主张在省起义，即是首府革命，影响极大。最好明早一、二营领到子弹，及时发动。"①同盟会主要领导者决定起义之后，即由南桂馨传达给王嗣昌、杨彭龄，并由王、杨转知李成林、张树帜等分头传达发动。会后，黄国樑和标军需官南桂馨率领标部及步兵一队，遵令先行出发。

与此同时，第八十五标的士兵们，从西校尉营子弹库整整领取、搬运了一天弹药，每个士兵的子弹袋都装得满满的，有的还用白布把子弹包成小包背在身上。这样，士兵们就武装起来了。

起义决定的传达也在秘密进行。"这天下午，当我（郭登瀛）领着士兵到城里搬运弹药时，杨彭龄悄悄告诉我，让我立刻去侯家巷巡缉队找李成林，一起到南门外岗上铁路旁边老槐树下等他，有要事相商。当我同李成林一起来到约会的地点时，杨彭龄早已在那里等候我们了。我们三人坐在大槐树下，杨彭龄问我们：'你们知道我找你们干什么？'我们说：'不知道。'他说：'有一件顶重要的大事。'接着，他给我们传达了同盟会关于在29日拂晓举行起义

---

① 温寿泉等：《辛亥山西起义始末》，《山西文史资料》第76、77辑合刊。

的决定,并告诉李成林,在 29 日早上六点钟以前务必把新南门打开,起义军进城时,不要让他的部下和起义军发生冲突。最后,老杨还再三嘱咐我们,严守秘密。"①

当晚,张树帜奉命到城外狄村第八十五标第一营进行联络,与正目和士兵张占元、梁俊玉、柳殿魁、白路喜、李开成以及右队司务长王致嘉、见习军官高冠南等人见面。他们对起义计划表示赞成,然后由王致嘉和曹永升去动员各长官,各长官无不从命。最后到营本部,管带白文惠回家,督队官苗文华愿同大家一道起义。张树帜遂派人与第二营联络,并用暗语向阎锡山作了报告。②

城内的第八十六标也在进行起义准备。阎锡山回忆说,我"召集二标中下级军官同志十一人开会,我首先问他们说:'我们是遵命开拔,还是起义?'大家同声说:'我们应该起义。'我又问他们说:'一标不同情怎么样

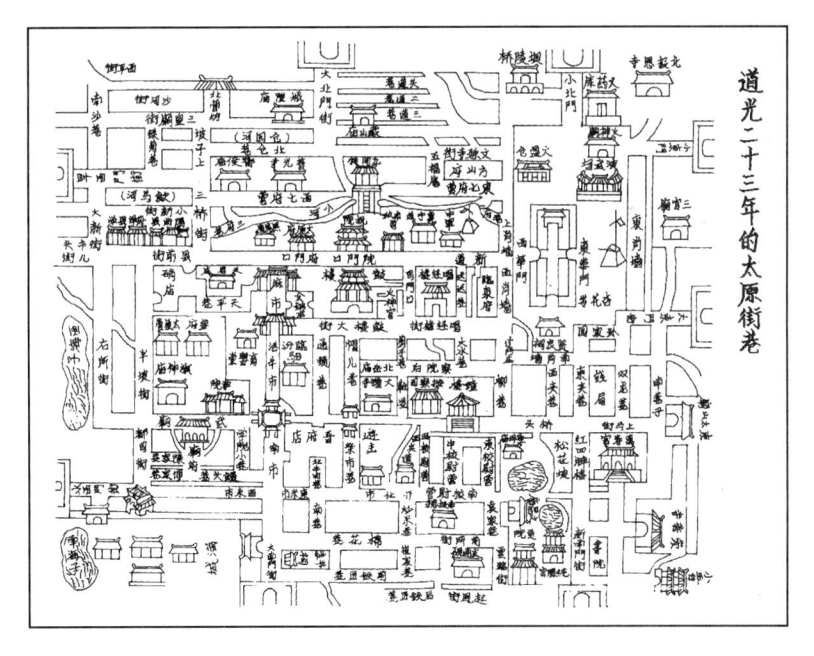

道光年间的太原图

①郭登瀛:《参加起义先锋队的回忆》,《山西文史资料》第 19 辑。
②《阎锡山早年回忆录》,《近代史资料》第 55 号。

晋省风雷

太原起义军总司令姚以价

（办）？骑炮营有没有办法？'他们说：'炮兵可以设法，骑兵没甚关系，一标至少也能拉出一半人来！'我说：'好吧，那么我们等等看，先把二标的动作研究研究！'讨论至半夜，一标有电话来，知道运用成功，当时就决定让他们回去照计划于翌日早晨开城门动作，一标打抚署前门，二标打抚署后门。开会的同志刚出了我的门，瑞镛之弟瑞禄（满族）就拦住大家，拉住排长李执中（崞县唐林岗人）的手问：'你们开会作什么来？'机警一点的同志说：'研究开拔的事。'但李执中认为事已败露，遂跳了井（后被救起）。他们返回来报告我，我很着急，但仍命大家随时与我保持联系，照原计划行动。"①

杨彭龄、王嗣昌向有关同志传达起义计划后，即回二营进行准备。他们先与同盟会员、队官张煌和刘汉卿等研究，大家一致认为管带姚以价虽非同盟会员，但同情革命，且练兵有方，在士兵中威信颇高，应该争取他参加并领导起义。他们向姚讲明同盟会决定明晨起义的计划后，姚欣然同意。大家遂分头准备。

姚以价决定参加起义后，就派人把后队队官岳桂（满族）叫来，姚对岳说："有句话和你商量，第一杀巡抚，第二打满城，你愿意不愿意？"岳桂吞吞吐吐地说："大人，你看着办吧！"众人见他态度不够明朗，当即有人主张把他杀掉。姚以价说："他一个人造不了反，先把他押到惩禁室。"同时命令崔正春接任后队队官，又派人切断通往城内的电话线。

杨彭龄、王嗣昌、张煌、刘汉卿等研究决定，挑选三十名身强力壮、勇敢善战的士兵组成先锋队，由杨彭龄率领，张煌带左队在后紧跟，向巡抚衙门冲击。

---

①张树帜：《辛亥起义日记》，《山西文史资料》第19辑。

第三章　太原新军起义和山西军政府的成立

这天半夜,第二营官兵饱餐以后,集合起来持枪待发。他们的左臂上都缠着一块作为起义标志的白布。接着,第一营官兵由督队官(副营长)苗文华率领,来到第二营会师。两营起义官兵的骨干杨彭龄、张煌、王嗣昌、刘汉卿、苗文华、应芝等公推姚以价为起义总司令。

姚以价集合起两营官兵,当场宣布起义,并向大家发表了讲话。他说:满清入关,虐我汉人二百多年,可算是穷凶极恶。大家知道扬州十日,知道嘉定三屠,也知道不留辫子就要杀头吧!现在外患日亟,

太原承恩门,俗名新南门,起义后改称首义门

国难日深,政府不思外御其侮,反而屠杀我爱国志士,还说什么"宁赠友邦,勿予家奴"。大家想想,家奴是谁呢?就是我们汉人,就是你我大家,就是大家的父母兄弟亲戚朋友。今天我们要不再当这家奴,要救中国,非先推翻满清政府不可。说到这里,情绪激昂,声泪俱下。又说:我今天要率领大家拼

原山西巡抚衙门大门,本照片摄于民国

晋省风雷

个死活，夺取巡抚衙门，大家愿意不愿意？在场官兵齐声回答：愿服从大人命令！

姚以价随即宣读命令：

一、本军今天拂晓攻占太原。
二、第一营由督队官苗文华率领，攻打满洲城。
三、崔正春率两队攻占军装局。
四、其余营队随本司令攻打抚署。

接着又宣布纪律：

一、不服从命令者斩！
二、临阵后退者斩！
三、抢劫财物及奸淫妇女者斩！
四、烧毁教堂及骚扰外国侨民者斩！

清山西巡抚陆锺琦

宣布命令和纪律后，起义军整队出发。时为10月29日晨4时。路过岗上第三营驻地时，一个队的士兵越墙而来，加入起义队伍。同时，姚以价又派人到菜园村，发动炮兵参加起义。

起义军进抵新南门（正式名称为承恩门，辛亥后改称首义门，旧址在今太原市五一广场）时，尚未破晓，队伍便隐蔽在新南门西的吊桥下和城壕等低洼之处。拂晓，起义官兵听见城内吹了起床号，便悄悄地接近城门。不一会儿，又听见钥匙叮啷作响，大家屏息静气，等到城门一开，便一拥而入。侦探队长马孔青派兵首先砍

第三章 太原新军起义和山西军政府的成立

断电话线,然后各营分头前进。苗文华率第一营直扑新满城;第二营向巡抚衙门(巡抚住地)挺进,杨彭龄率先锋队在前开路,张煌率左队官兵在后紧跟。他们沿着海子边、桥头街、柳巷、楼儿底、北司街,跑步前进。跑到北司街,听到城东南攻打新满城的枪声已响彻长空,这更激励了起义军的士气。到达巡抚衙门时,枪声大作。曹毓琪、石高田二人用石条将大门砸开,杀死门官。起义军奋勇而入,防守巡抚衙门的亲军卫队,在睡梦中被惊醒,披着衣裳,四散逃逸。杨彭龄和张煌率队进入巡抚内院,众人乱声吆喝:"巡抚在哪里,巡抚在哪里?"上房走出两个老婆子,一个说巡抚去藩台衙门没有回来,一个说没见"大人"的面。正说间,从上房走出一个身穿长袍的男人,边掩衣服边说:"我八月十五来山西,接印还不到一月,有啥对不起你们之处?……"他的话音刚落,起义军中有人就喊:"这就是巡抚,开枪!"几声枪响,陆锺琦便倒于血泊中毙命。接着从东房走出一个身穿军服、手持军刀的年轻军官(即巡抚的儿子陆光熙)厉声喝道:"你们这是干什么!……"话音刚落,又被乱枪击毙,倒于台阶之下。

傅存怀

击毙巡抚后,张煌率部走出巡抚衙门。协统谭振德带着两个卫士从东骑马而来,厉声向官兵发问:"你们是哪一营的,谁叫你们造反?"张煌迎上去说:"我们是一标二营,这是革命,你随了我们吧!"谭怒道:"我不随!"转身就走。士兵们随着张煌的手势,连发数枪,谭振德也当场毙命。这时张煌高声喊道:"文武大帅都已打死,咱们的大功告成了!"检点人数,全营除王福全一人在冲入巡抚衙门时被击伤胸部外,再无人伤亡,接着命令士兵去藩台衙门,并吩咐:"见了藩台可不敢杀了,藩台死了,咱山西的财政就摸不着头绪了。"起义军到藩台衙门时,藩台王庆平已吓得上了吊。士兵们砍断绳索,把藩台解救下来,押送咨议局看管。起义军到巡警道搜索,里面空无

晋省风雷

一人。于是,张煌命令大家到坝陵桥子弹库补充弹药。之后,鲍吉庆带一排人把守官钱局,张煌率大部分人马前往咨议局(今山西省总工会所在地)。

与此同时,苗文华率第一营攻打新满城,驻防旗兵死力抵抗,战斗相当激烈。炮兵营得知第一、二两营起义后,班长于凤山、刘得魁、高永胜、张文达等立即集合士兵,动员响应。管带张治尧出面阻拦,被高永胜枪击未中,逃跑出营,炮兵遂整队由驻地菜园村向城内进发。这时,攻打新满城的一营进展困难,子弹已感缺乏。炮兵入城后,将炮位架在小五台城墙上,居高临下,向新满城井炮。未发数弹,太原城守尉增禧即竖起白旗,缴械投降。另一路攻占军装局和子弹库的起义军也顺利完成任务。至此,太原起义即告成功。清政府在山西的封建专制统治从此结束。①

当起义军攻占巡抚衙门,打死巡抚陆锺琦和协统谭振德的时候,阎锡山第二标并没有在城内行动。原来他们在头天晚上,研究了半夜,也没有作出明确的决定。散会之后,排长李执中跳井自杀,大家又忙着从井里把他救出。这时已是29日晨2时。阎锡山试图窃听动静,拿起电话机就听到抚署打给督练公所的电话:"武昌大智门克服,鄂乱不日可平,应告知军、学两界。"这对阎锡山又是一个意想不到的打击。他听到之后,便举棋不定,既怕自己有枪无弹的官兵无法与巡防队进行战斗;又怕巡防队早

张培梅

---

① 叶复元、陈其麟、史春元、郭登瀛、姚以价关于回忆辛亥革命的资料,见《山西文史资料》第1、9、19辑。

有准备，起义难以成功，于是按兵不动，静候消息。及至枪声大作，知道第八十五标已经起义后，他才派模范队班长傅存怀、程廷栋到子弹库、巡抚衙门探听消息。当确知起义军击毙巡抚陆锺琦和占领子弹库之后，才派傅存怀等带兵到子弹库领取子弹，并宣布"第八十五标兵变"，以保护为名，派第二营排长陈锦文守护军装局，第二营前队（模范队）排长张培梅、右队第三排排长金殿元率队到抚署西北酒仙桥（今七一电影院所在地），派右队队官王缵绪、后队队官吴信芳和排长张培梅等率部到抚署东北小二府巷，相机驱散驻在那里守护抚署的巡防马队。①

巡防马队亦无戒备，听到枪声大作，起来之后见大局已定，有的逃逸，有的放下武器，静待接收。所以二标派出的部队，可以说兵不血刃，就完成了任务。

---

① 《阎锡山统治山西史实》，山西人民出版1984年版，第16页。

第三节　山西军政府成立

阎锡山知道新军起义成功胜利在握之后，马上就议论选举都督的事，于是召集温寿泉、张树帜、乔煦、张瑜、常樾、李成林、杨沛霖、周玳、赵戴文等人研究对策。阎主张选姚鸿法为都督，理由有二：一，姚鸿法原任协统，是阎锡山的直接长官，地位较高。二，如果起义失败，姚父现任兵部侍郎，事情亦好周旋。大家也都同意，但认为如果姚鸿法不干的话，就推阎锡山为都督。

起义队伍补充弹药以后，张煌派右队鲍吉庆排长带一排人到活牛市街（今估衣街西口以南至西羊市东口以北）保护晋泰官钱局，看守总办渠本澄，其余官兵则到咨议局选举都督。咨议局会议室阶前站着姚以价和阎锡山等人。张煌带头喊道："举姚大人当都督！"官兵应声呼喊，枪手并举。姚以价表示谦让。官兵们又举张煌，张煌说："我没有管辖大人的权，咱们举阎锡山吧！他要是不接，就开枪日踏（打死之意）了这个小舅子！"阎锡山一边作揖，一面笑着说："我接，我接，贵贱不敢开枪！"官兵们乱嚷嚷了一阵子。①

山西都督阎锡山

正式选举是在咨议局议员们参加的情况下进行的。会议由议长梁善济主持。参加会议的除了多数议员外，主要人物有：姚以价、阎锡山、温寿泉、张树帜、乔煦、张瑜、李成林、赵戴文、杨沛霖、姚鸿法、徐一清、贾英等。

---

① 陈其麟：《辛亥太原起义见闻及其它》，《山西文史资料》第76、77辑合刊。

第三章 太原新军起义和山西军政府的成立

会前酝酿时，有人主张选姚鸿法为都督，姚以其父姚锡光现任清政府陆军部侍郎，力辞不就。有人推举姚以价，姚以价说他不是同盟会员。也有人以阎锡山军职较高，提议选阎为都督的。还有人以同样理由，提议选黄国樑为都督的，但有人反驳说，黄不是山西人，被否定了。而咨议局议长、立宪派的梁善济却有意掌权，已在议员中秘密活动。

会议开始后，阎锡山首先讲话。他说："清政黑暗，专制已久，国是日非，民不聊生。我们早有革命思想，因为时机未到，所以没有行动。现在武汉、西安已经起义，全国震动，良机难得，不可失去，因有这次的山西起义。"温寿泉也作了类似的讲话。姚以价则强调他不是同盟会员，但是驱除鞑虏，建立民国，责无旁贷。选举开始前，梁善济散发选票，意欲选己为都督。这时，张树帜从李成林手中抢过手枪，跳到台上，欲击梁，被阎制止。张在台上乃大声高呼："大家应当推选阎锡山为大都督，赞成的举手！"周玳即在台下应声高呼："选阎锡山为大都督，大家一齐（起）举手！"议员们在惊愕中，相顾举手，一致通过。梁善济见势不佳，从后门离开会场。张树帜又高呼："大家应当推举温寿泉为副都督！"大家也一致举手通过。①

阎锡山和温寿泉当选都督和副都督后，立即召集重要的同盟会员和起义有功人员，研究当前应该解决的最为紧迫的问题。大家一致认为应该首先扩充武装力量，光复全省；尤应派兵防堵清军的反扑。于是，决定在都督之下成立四个标，以张煌、苗文华、刘汉卿、张瑜分任一至四标标统；并以姚以价为东路军总司令，赵戴文为参谋长，率张煌第一标前往娘子关，防堵清军进攻，并令姚部于当日下午出发，以张瑜为北路军总司令，率部北上攻占雁

山西副都督温寿泉

①周玳：《清末陆军学堂的编制概况和我在辛亥革命前后的经历》，《山西文史资料》第4辑。

晋省风雷

门关并向大同进军；以刘汉卿为南路军司令，南下河东，光复平阳、运城。

在南北两路民军出发之前，为了兵不血刃，和平解决光复问题，又决定派太平县（汾城）举人董桂萼赴南路进行招抚，派李苑林、胡行赴北路进行招抚（李、胡后被清军杀害于雁门关）。

军政府还决定年号仿武昌用黄帝纪元，行文记事均用四千六百零九年，军政府门前悬挂"八卦太极图"白旗。[①]

之后，又以杨彭龄为敢死军司令，派人到各地主要是洪、赵一带招募新兵，扩充武装力量。

---

① 《阎锡山统治山西史实》。

第三章　太原新军起义和山西军政府的成立

第四节　藩库被抢，民商遭殃

新军官兵大部分是要求革命或同情革命的，但亦有少部分是不赞成或反对革命的。第八十五标的队官满人岳桂，第八十六标第三营管带满人瑞镛，自然是不同意革命的，所以两个标的官兵在起义前把他们都囚禁起来。第八十五标第三营管带熊国斌虽非满人，但反对革命，起义时不让士兵参加，所以第三营只有少数士兵越墙而出参加了革命。起义成功之后，"第二天阎锡山与杨彭龄等官长数人，前往岗上营盘，催促熊国斌参加革命，他们相见于营房廊前。谈话中熊不答应，众人即向他开枪，熊国斌猝不及避，立毙于营房前的灰池子里，营里官兵皆服从了军政府的调遣"。①

太原起义以后，张煌虽派鲍吉庆排长派兵把守官钱局和藩库，但对整个太原城的卫戍任务未作认真的研究和布置。姚以价和张煌奉命开赴娘子关，即将鲍吉庆一排人马撤走。之后，骑兵营管带马开崧命令左队队官崔俊率部守卫藩库。10月29日12时，第八十六标张瑜第二营一部前来接防，骑兵营左队被派去守卫新南门和大南门。

军政府决定姚以价率部驻守娘子关、张瑜率部北上、刘汉卿率部南下之后，部队出发需要领饷，决定从藩库提取。来领银子的"起义士兵见银就拿，官兵举刀吓唬士兵，也禁不住"。原拟进行反革命复辟的第八十六标第三营官兵，当其营长熊国斌被击毙后，部分士兵散漫于街头，还有被打散了的巡防队兵痞，也都参加了抢劫。在新南门担任守卫任务的骑兵营左队排长张剑南说："我看见新南门街上，许多士兵在商号和老百姓家里出出进进抢劫财物，不少士兵携带抢来的财物要经过新南门出城，我命令守卫士兵拦阻查询，那些抢劫人的士兵一拥而上，怒目相向。守卫士兵看见他们人多势众，不敢拦阻。……这时候我看出我排士兵看见别的士兵抢劫财物，由羡慕而眼红，他

---

①陈其麟：《辛亥太原起义见闻及其它》，《山西文史资料》第76、77辑合刊。

晋省风雷

们就要离开岗位去参加抢劫行列。我想我到职刚刚五天,与士兵不熟悉,不能强行阻止,只好婉言相劝。我后来到纯阳宫去喝水,返回新南门时,我排守卫新南门的士兵都不见了,原来他们趁我走后都抢劫去了。我只身回到营盘,看见士兵们抢回的东西很多。还有士兵在厨房里炉火上坐铁锅,熔化他们抢劫来的妇女银首饰。"①

骑兵营右队队官潘怀瑜(遇安)回忆说:

> 下午六点,阎锡山八十六标康排长先在活牛市街抢了晋泰官钱局。后康排长又同马开崧趁士兵乱拿藩库银钱之机,带头抢了藩库。马开崧是从骑兵营四个队各挑选十人,由一排长带领,组成四十人的抢劫队。我右队是王金魁带领十个士兵参加的。事后王金魁对我说,跟营长(马开崧)抢了几条街。阎锡山派他三营(注:应为二营)张瑜带兵抢了坊山府的三晋源米粮店(承担供应军队食粮),将抢来的银子装在粪桶内,用车运出太原城北门外古城村,交给商人王左掌柜替他们保存,事后王左把这些银子交给阎锡山、张瑜。骑兵营左队队官崔俊带领士兵抢劫了西夹巷的广益当。崔俊把从当铺抢来的一把日本造的战刀送给我。崔笑着说:"宝剑赠给英雄。"后队排长贾安卿也干了抢劫勾当,发了横财。我右队士兵大部分是高等小学堂毕业生,有些知识,较为安分,因而大部人没有参加抢劫,只有少数兵痞子抢劫商民。骑兵营驻防的营盘守卫士兵也不守卫,都去抢劫商民,营盘院内乱哄哄,简直不象(像)个样子。②

到了晚上,乱兵进而放火烧了藩库。接着,"钱商、银号、票庄所在之街如麻市街、活牛市、通顺巷、大中市等处均遭放火抢劫"。城内火光冲天,枪声不绝。张剑南回忆说:"我回到住房内,一夜未睡好觉,只听见人喊声、枪弹声、犬吠声、火爆声,声声震耳,城内放火抢劫一夜未停。我不时出屋

---

① 王定南:《辛亥革命太原商民遭受抢劫的情况》,《山西文史资料》第9辑。
② 王定南:《辛亥革命太原商民遭受抢劫的情况》,《山西文史资料》第9辑。

第三章　太原新军起义和山西军政府的成立

瞭望，看见城内一片火海。"

直到"革命起义之次日，阎锡山才委派马开崧（一说张培梅，一说温寿泉）负责维持太原城秩序，派出的武装部队背着大令箭在街上巡查，阎锡山授权给他们，可以就地处决抢劫犯。阎并挑选八十五标一个司务长周克宽，身体魁梧，气力很大，诨号叫大将军。他在巡查街道时，用枪刺把一个人挑起来再向下戳死在地上。一共处决了十几个人，太原城秩序逐渐安定下来"。①

实际上，真正抢劫藩库的罪魁祸首早已满载而去，被杀的不过是一些毛贼而已。时在法政学堂肄业、起义后任《并州日报》编辑的薛笃弼回忆说：

第二天天亮后，学堂大门开了，同学们出外探视，看见距学堂不远的提学使衙门前和海子边、红市牌楼（今红市街）一带，走几步就横躺着一个尸体，尸体旁都有掷在地面的东西，有的是零散衣物，有的是包袱，有的是被头，有的是木板、门扇等等。尸体都是穷人的样子，没有看见一个穿军服的人。据闻是变兵抢劫放火后都已回营，这些穷人乘（趁）机而出捡便宜，副都督温寿泉等带军队出来弹压，就把他们格杀，当做替死鬼了。②

袁世凯后来在南北议和中，不承认山西是起义省份，藩库和商号被抢劫，城内放火，成为他的主要借口。

---

① 王定南：《辛亥革命太原商民遭受抢劫的情况》，《山西文史资料》第9辑。
② 薛笃弼：《太原起义和河东光复的片断回忆》，《山西文史资料》第4辑。

第五节　恢复秩序，布告安民

10月29日一夜的放火抢劫，使太原陷于一片混乱。各家各户紧闭院门，各学堂的教员和学生，距省城比较近的，有的就连夜跑回家里去了。到了10月30日（辛亥年九月初九）黎明，军队上街捕杀抢劫的人，城门口的军警开始不让那些带衣物的人出城了。"在混乱中，农林学堂的学生举出代表三人赴军政府请愿，找见赵戴文、孟步云、徐一清等，提出召集各校师生协助制止焚抢的办法。军政府接受了这个意见，传集各学堂派人到咨议局开会，不料各教职员中，敢提意见的绝少，结果另组织了一个学生自治团体——省城学生联合会，推山西大学堂学生万宗藻、山西农林学堂学生李登瀛为联合会总代表，各学堂又自举本学堂代表各二人，协助两总代表承办会中一切事宜，立即着手整顿各学堂伙食，分发学生武装枪弹，临晚即传下巡逻口令，分别到各街站岗，或巡视全街。从此，再没有焚抢事件。以后，白天开会讨论，夜间站岗，习以为常。"①

这时，军政府乃出布告安民。其文曰：

照得本军起义，恢复大汉江山；
省垣一朝平定，各县早已均安。
省外府厅州县，诚恐不免讹传；
土匪乘机抢劫，业经举办民团；
所有村乡市镇，一律保护安全。
凡尔士商民等，切勿误听谣言；
应当各安生业，得以地方为先。
要知本军此举，实与种族有关；

---

① 《太原起义目击记》，《山西文史资料》第1辑。

第三章　太原新军起义和山西军政府的成立

倘敢立意反对，兵到万难瓦全。

　　　　　　　　　　都　督　阎锡山
　　　　　　　　黄帝纪元四千六百零九年①

　　经过几天的整顿，到11月上旬，秩序完全恢复正常，在北京的同盟会员景梅九等人也应邀回到太原。阎锡山于是命令孔繁霨、仇亮和景梅九等商议正式成立都督府的办事机构。他们取法湖北军政府的组织，成立军政、参谋等部，并确定了各部负责人。其机构和人选为：

　　军　政　部：部长温寿泉（兼）　　副部长马开崧
　　参　谋　部：部长黄国樑　　　　　副部长孔繁霨
　　军　令　部：部长常　樾
　　政　事　部：部长景定成（梅九）
　　财　政　部：部长曾纪纲　　　　　副部长徐一清
　　外　交　部：部长乔义生　　　　　副部长李成林
　　大　汉银行：行长徐一清（兼）
　　参　议　部：总参议杜上化

　　不久，山西军政府的机关报《山西民报》就出版了，由安邑张起凤（字翙之）任报馆馆长，越南阮尚贤（鼎南）任主笔，薛笃弼任编辑。该报社论均出自阮尚贤之手。②一出版，即登载《山西讨满洲檄》，各界人士争相阅读，传诵一时。其文曰：

---

①郑赋嘉：《辛亥革命时期太原的第一张安民布告》，《太原文史资料》第2辑。布告系作者诵记而成，遗漏与错讹之处，请知者指正。

②薛笃弼：《太原起义和河东光复的片断回忆》，《山西文史资料》第4辑。关于报名，薛称之为《并州日报》，侯少白、刘精三的回忆录中均为《山西民报》，景梅九写为《中华民报》。当时起义军称民军，现依多数暂用《山西民报》，待有确切根据再行更正。

晋省风雷

　　春雷动地，千年之醉梦惊回；旭日当空，万里之妖氛尽扫！盖救焚拯溺，不得已而见诸兵戎，而应天顺人，必如是方合乎时宜。惟我中华古国，实为东亚盟主，土地甲于环球，人民多于列国。慨自嘉靖以还，纲权废弛，迨至崇祯之末，寇盗纵横，根本既已动摇，虫蠹因而侵蚀。彼满洲者，人不及兆，地限一隅，以游牧为生涯，恃凶顽之本性。腥膻异类，仅比唐之突厥，汉之匈奴；豺狼野心，竟效周之犬戎，宋之金狄。乘（趁）我无备，驱兵以前。李自成流贼无谋，闻风奔窜；吴三桂逆臣背义，解甲迎降，遂使龙凤之郊，变为虺蛇之窟。扬州十日，凶焰烛于九天；嘉定三屠，冤血溢于四海。所至城邑，尽为丘墟。于是贪生畏死之辈，认贼作父；争名趋利之徒，忘亲事仇。颂功德于虏廷，奉正朔于伪主。山河蒙耻，草木含愁。彼乃益施凶残，专行压制。狱兴文字，片言以至杀头；祸及林泉，不仕指为叛逆。朝皆凶党，野绝正人，亿万人民，川血山骸。何故至此，二百余载，天荆地棘，有路难逃。借我膏血，养他丑类。无事之时，吾民服劳畎亩，满酋则坐享甘肥；有事之日，我兵委命疆场，满奴则荣膺爵赏。英雄闻之而切齿，壮士睹之而寒心！是故洪天王奋臂一呼，响应风从，几遍天下；李忠王挥戈四指，雷轰电掣，将复神州。所恨当时士民，未沾教育，种族之义不明，竟然杀同胞以为功；华夷之界不辨，遂至为胡虏而效死。以汉将攻汉将，问其缘故，则曰事君尽忠；以汉兵杀汉兵，究其成功，不过助满为虐。故不明顺逆者，或谓曾国藩忠同诸葛；然诸葛匡扶汉室，何尝委质于胡奴；不辨智愚者，或谓李鸿章功过汾阳；然汾阳翊赞唐朝，岂肯失节于夷虏！是非颠倒，竟至于此，陆沉安足怪哉！自太平以后，满奴凶焰更炽：以为中华国土，乃彼亿年独古之家私；中国人民，乃彼万世不易之奴隶。骄奢不道，委任非人，政事乖张，仕途塞才。割土地赠诸列强，全无爱惜之心；借外债以饱私囊，遗我生灵之累。而且假名立宪，肆意横征。摄政王媚外奴也，乃操内阁之权；盛宣怀卖路贼也，反掌邮部之政。那桐、世昌，傀儡人物；瑞澂、保芬，龌龊心肠。赵尔丰杀人如草，而督四川；张鸣岐嫉义

第三章　太原新军起义和山西军政府的成立

如仇,而镇两粤。君子在野,小人盈庭,路政独操,民权尽夺。……列强虎视眈眈,亡国之祸,已迫于(在)眉睫矣!当此军兴之时,正人才争奋之秋。我三晋山河表里,旧系形胜之区;人文蔚起,古称文物之郑。……出幽谷迁乔木,早思效顺于明时;失东隅收桑榆,尚勉图功于来日。萧何秦末小吏,能为隆汉之功臣;刘基元季微官,亦作皇明之佐命。苟能反正,咸与维新;倘予执迷,必至自误。今者,大总统孙公文,已由美国返驾亚洲;副元帅黄公兴,亦自两湖移戈南下。马蹄袖,大命不长;猪尾辫,元气将绝。杀人以染红顶,幻想难酬;捐金而买花翎,前程已断。……墨西哥创立革命义军,各国未尝干预,此皆本年内事,赫然在人耳目,实系公法之当然,切勿听信谣言而自馁。至于彼之党羽,已若晨星。岑春煊托病不出,袁世凯无心效死,纵作下车冯妇,亦无救于败亡。人心所向,大势所趋,彼胡儿之灭亡,乃指日间事耳!层指罪恶,擢发难数。凡我同胞,速举义旗,光复旧物。倘有助桀为虐,杀之勿赦,檄到如律令!①

秩序安定以后,太原街头渐渐恢复生气。军政府招募和操练新兵,一派激昂慷慨的气氛。起义城乡,军民开始歌唱颂扬辛亥革命的歌曲:

中华开国四千有余年,神武轩辕自古传,创造指南针,勘定蚩尤乱,世界文明唯有我先;

我武维扬共和民国建,五色国旗遍三关,放开杀人心,抖起英雄胆,不翦仇虏誓不生还。

在安定秩序中起了重要作用的学生巡逻队,后来因与某奸绅发生争执,此

---

①侯少白:《山西辛亥起义纪事》,《山西文史资料》第1辑。并根据杨懋斋、李景荣二先生诵记材料补充订正。虽不完整,但可窥其概貌,遗漏与错讹之处,请知者指正。内中有些反满字句,因系历史文件未予更改,愿读者结合当时历史的实际情况进行理解。

人便要求都督将他们收缴枪械予以解散。同盟会员张起凤、高祯臣、荣炳（子文）、景梅九、郭朗清等闻之，极力反对，遂倡议组织学生军。"学生团代表韩忠极力赞成，学生中之铮铮者，亦愿投身军界，誓死从戎，即集合各学堂学生编制成军，因志在敢死，故属之敢死军协司令部节制。公举王仁泽任管带，孔庚（文掀）、何遂（叙甫）、刘越西、倪普香任教练，刘俊英充督队长，支应遴充第一队长，郭振淮充第二队长，韩忠充副官。共学生二百余名，编为两队，八日之间教练熟。"①后因王仁泽与刘俊英意见分歧，改由郭朗清临时任管带。

  山西军政府对清政府的旧官吏，采用劝降任用办法，只要投降就不问罪。布政使王庆平，提法使李盛铎，劝业道王大贞，提学使骆成骧，太原知府周渤，督练公所总办姚鸿法等于起义后均被押往咨议局看管。军政府办事机构建立，各项工作稍有头绪后，这些人均被释放。后因军政府工作人员不谙民事，政事部长景梅九又多在前线，遂请李盛铎任民政长，出理民事；李初不敢答应，后在梁善济劝说下，始消除疑虑。

① 赵擎寰藏稿《河东革命记·学生军纪略》，《山西文史资料》第3辑。

第四章 吴禄贞与阎锡山共组燕晋联军

第一节　山西民军驻守娘子关

第二节　吴禄贞与阎锡山组成燕晋联军，
　　　　山西民军开进石家庄

第三节　燕晋联军总司令吴禄贞被刺

第四节　山西军政府练兵筹款迎接新的战斗

第四章　吴禄贞与阎锡山共组燕晋联军

第一节　山西民军驻守娘子关

姚以价虽然受任山西民军东路军总司令，但是部队的主力仍然是原来的一标二营。他从官钱局调回鲍吉庆排，领了一小箱银子作为购买军粮之用，然后集合全营官兵，于10月29日黄昏后开往火车站。为了路途安全起见，张煌派了几个士兵，乘坐在一辆火车头上前去探路。走了一百多里，回来报告无事，他才率先头部队出发。时已半夜。

1911年10月30日天明，部队到达娘子关。张煌留下一部分人守关，等待姚以价率大队人马到来之后接应；一部分驻守关前约十里的乏驴岭；其余人攻占娘子关东南约十五里的晋冀险要通道北天门——旧关。

守旧关的是从平阳府调来的太原镇巡防队的一个哨，哨官申洪吉。民军前进到旧关附近时，哨兵听得动静，即鸣枪报警。民军停止前进，佯称自己人，不要开枪。少顷，不见动静，遂继续前进。到得关上，已无一人，原来申洪吉已率部逃逸。民军据关以后，遥见一队清军骑兵由东向关而来。来到旧关的张煌亲自率领护兵王建安、戴凤臣、龚玉山等锁上关门，准备迎敌。清军接近关前时，民军一阵排枪，吓得清军骑兵掉转马头，落荒而逃。

10月31日（初十）天明以后，守关士兵正在整修工事，张煌命令说，前面五六里处的清原平是个要紧关口，遂派右队队官尹太钧率本队人马前往防守。这时，姚以价也来到娘子关，他巡视阵地，勉励官兵坚守阵地。

驻守清原平等地的官兵，因当地人烟稀少（清原平只有两户人家），没有粮食可卖，只能在地里拔萝卜充饥。直到11月2日（农历九月十二日），张煌才从旧关送去两骆驼大米。据说这是截获的清军军粮，同时还送去小钢炮一门。旧关则配备了一门英国造的九尺长的大炮。①

至此，民军在山西的东部门户——娘子关和旧关，以及前进阵地乏驴岭和清原平，驻守妥当，严阵以待。

---

①陈其麟：《辛亥太原起义见闻及其它》，《山西文史资料》第76、77辑合刊。

晋省风雷

第二节　吴禄贞与阎锡山组成燕晋联军，山西民军开进石家庄

　　山西起义虽然在武昌和湘赣陕之后，但是它对清政府的打击，却比湘赣陕对清政府的打击要严重得多，因为山西地处清政府肘腋之间。因此，清政府于10月30日即命令驻防于保定的第六镇统制吴禄贞进军山西，镇压革命。

　　吴禄贞，字绶卿，湖北云梦人，毕业于湖北武备学堂。1900年与唐才常组织自立军，在安徽大通县密谋起义，失败后赴日本陆军士官学校学习，为第四期生。回国后曾任延吉边务大臣、副都统等职，后调任第六镇统制。吴素怀革命大志，武昌起义后，即与驻冀东滦州之第二十镇统制张绍曾、驻奉天之第三镇第二协统领蓝天蔚等洽商，以张、蓝所部南下，吴部北上，夹击北京。但是，张绍曾迫不及待，提出政纲十二条，要求在大清皇帝万世一系的前提下，速开国会，改定宪法，组织责任内阁。实际上依然是实行君主立宪，但仍引起清政府对他们的警惕和注意。

　　11月2日，惊慌失措的清政府为挽救危局，又任命袁世凯为内阁总理大臣。北京皇室反袁派载涛、良弼等人认为亡清必袁，即拟利用吴禄贞驻保定的第六镇扼京汉路中段，阻袁北上。吴禄贞也想除袁，拟借机带兵进

燕晋联军大都督兼总司令吴禄贞

第四章　吴禄贞与阎锡山共组燕晋联军

京，挟天子以令诸侯，以观时变。所以，吴行前曾与载涛、良弼等密谈，他们的看法虽不完全相同，但在倒袁这一点上，却是一致的。

关于这些计划，吴禄贞在到石家庄以前，曾对人说：

> 此去有两个计划：第一个计划，滦州的第二十镇往南开，保定所驻军队往北开，一同直趋北京，打出旗号是推翻清室，创造民国；第二个计划，滦州和保定军同样会师北京，打出旗号是维护清室，革新政治。但第一个计划，我们力量太薄弱，而北京新军除已编陆军开赴汉口外，尚有第一镇（注：全是满族）、禁卫军并其他各镇所剩各营，还有直隶巡防营和旧式练军，如打出革命旗帜，北京所有力量足够抵抗，在奉天的第三镇可开进关内，扼我东路，袁世凯汉口军队，亦可抽一部分北来，阻我西路。而且北方民气，不如南方，此方号召，彼方未必响应。我们本钱有限，虽然革命总带危险，但看出危险，是不能不顾虑的。其次一策，袁世凯素为北京亲贵（除奕劻一派外）所敌视。我们会师北京，拥护清室，铲除袁世凯，此种计划，肃（善耆）、泽（载泽）、涛（载涛）、良（良弼）等都已谅解。他们认我们为友军，不会冲突。到京后我们拿到中央政权，挟天子以令诸侯，先解决了袁，对于汉口前线军队，酌量调拨，分化这一部分旧势力，再进一步完成我们的最后目的。这只好看机行事。①

第六镇下辖两个协，李纯第十一协编入第一军，已经开赴武汉前线，只有吴鸿昌的第十二协驻保定。第十二协有两个团，一个是第六镇的，一个是禁卫军的，后者是监视吴禄贞的。吴禄贞奉命后，即令第十二协开赴石家庄，并任命同盟会员何遂（字叙甫）为第十二协参谋，令其随军前进。11月2日，何到石家庄后，即了解到标统（团长）曹进和等参谋方本仁是反对革命的，车站司令瞿寿堤和参谋刘文锦是革命的同志；山西虽然起义，但内部空虚，

---

① 张国淦：《辛亥革命史料》，上海龙门联合书局1950年版，第196页。

晋省风雷

没有多少部队，派到娘子关的部队很有限。在这种情况下，曹进主张进攻。何遂心想，如果真的开了火，一打就进了娘子关，山西的革命就完了。于是，以"行军切忌冒进"为由，建议吴带三个营与他乘车到前方观察，相机而行。到了头天门，看见地形险要，留下一个营驻守，到了二天门、三天门，也是如此，把一个团分散在各处，失去了进攻的能力。何向吴解释说，上谕"剿抚兼施"，如果在大兵压境的情况下，不战能屈山西之兵，才是上策。没有打过仗的吴鸿昌，也以为"稳为上计"。①同时，派人与山西民军秘密联系。

这天，清政府恐张绍曾等于提出政纲之后，进一步威胁朝廷，遂派吴禄贞到滦州宣抚，同去者有蒋作宾、黄恺元、陈其采、吴之来等人。吴禄贞名为宣抚，实际上是在策划革命。他说："南方已乱，北京空虚，设提一旅之师，大功唾手可得，今滦州军队，已近万人，悉皆精锐，直抵丰台，以逼于北；禄贞由保定调部下所余一协，直抵长辛店，以逼于南。三镇二协，再为后援，何求不获，何事不成。"计划已定，拟由汽车南北运驶，不意会议中人，将谋泄而车不止，两军意不能成行。吴准备离滦州时，副官周维桢向吴报告，"（我）新从保定来，密侦晋军，可以招纳为用，前日之谋，虽为汉奸所破，今晋军既能同意，则第一军归路可绝。吾等两方军队，不假铁道，徒步行军而进，委曲求全，事必有济"。张绍曾与吴禄贞都同意他的看法，吴遂经北京转赴石家庄。

张绍曾

---

①何遂：《辛亥革命亲历纪实》，载《辛亥革命回忆录》第1集，中国文史资料出版社版。

第四章　吴禄贞与阎锡山共组燕晋联军

11月3日，吴禄贞到达石家庄，下榻于石家庄车站站长室。同来的有副官周维桢。周告何遂说，张绍曾等电请清政府实施改革以后，清政府曾派吴禄贞到滦州去宣抚，同行的有军咨府的官员陈其采，他是同盟会员陈其美的弟弟。吴以为其兄为著名革命家，其弟必同情革命，便把联合张、蓝夹击北京的计划全告了陈，殊不知陈是反对革命的，在滦州当晚就不见了（回京告密），所以吴禄贞的处境很危险。

当天，吴禄贞派朱鼎勋、何遂等到娘子关，名为宣抚，实则命何遂与山西民军联系，商讨联合进军北京之事。①为了迷惑清廷，吴致电清内阁，谎称山西民军势壮，要求增加兵力。其电称：

> 初九日，（山西）革军占领火车站，意图外窜，进扑京师，行抵井陉，适我军十二混成协赶到正定。因知井陉为燕晋咽喉，极为险要，若被革军占据，殊难措手。协统吴洪（鸿）昌率领马、步各队，星夜奋进，正定管带何立朝竭力相助，遂于初十日据有井陉。十一日，禄贞亲赴井陉，督率进剿，占领蔡庄，革军退守滑（乏）驴岭。十二日，与革军接战，地势极险，悬岸（崖）绝壁，难以骑行。我军坚忍不拔，相持一日夜之久，革军不支，退守娘子关。连日虏获革军官兵数十人，卸其军械，开诚劝导，即行释放；所伤革军，为之医治，以广皇仁；再改良政治上谕，已由禄贞印刷多份，饬令俘虏带回布散；又派参谋官朱鼎勋，手执白旗，驰入敌阵，谒见叛官，广为开导，以示朝廷不得已用兵之意。顷接谍报，革军顽强，尚不知悔，又将全省防营五千人及警兵联为一气，并与陕西叛兵联合，以为声援。前线兵力，日见增加，若不迅速进攻，深恐沮丧士气。惟娘子关地势极险，革军以步队一标、炮二十尊固守，颇难克服。查由井陉至太原，原有驿路，其间固关虽属天险，闻守兵尚不甚多。现派宫统带率其全部猛扑固关，并饬吴统领攻击娘子关，

---

① 张国淦：《辛亥革命史料》第203页。何遂《辛亥革命亲历纪实》为11月5日，今取3日之说。

晋省风雷

牵制敌军，使彼不能兼顾，或可收批吭捣虚之效。惟地势崎岖，非有山炮不可，且既分两路进攻，兵力太弱，恐蹈危险。务恳设法筹拨山炮一营、步队一标，火速前来，无任祷盼！再巡抚被戕，地方无主，人心惊恐，似宜请简贤员来晋，以安民心，而挽危局。①

何遂在娘子关会见姚以价，说明来意后并将吴禄贞致阎锡山亲笔信递姚转交。信中说："公不崇朝而据有太原，可谓雄矣！然大局所关，尤在娘子关外。革命之主要障碍为袁世凯，欲完成革命，必须阻袁入京。若袁入京，无论忠清与自谋，均不利于革命。望公以麾下晋军东开石家庄，共组燕晋联军，合力阻袁北上。"②姚以价用电话与阎锡山联系后，双方决定次日在娘子关由吴禄贞与阎锡山进行商谈。

11月4日，一列由北京开往武汉前线支援清军的满载械弹、粮食、服装和饷银的列车，在石家庄车站被何遂率六镇官兵予以截获。

清政府为了笼络吴禄贞，当日任命吴为山西巡抚。

早在1908年被罢黜家居的袁世凯，于辛亥起义后，被清廷起用为湖广总督兼钦差大臣，在湖北孝感指挥清军与起义军作战，11月2日又被任命为内阁总理大臣。袁虽受任清内阁总理大臣，但因吴禄贞部驻守石家庄，不敢北上。当得悉第六镇官兵又截获开往武汉前线的辎重车辆时，遂派人密谋刺杀吴禄贞。

当天下午一时，吴禄贞率张世膺、何遂、孔庚等到达娘子关，阎锡山、温寿泉、姚以价、赵戴文等在车站迎候。在会谈中，吴禄贞说："兄弟们！现在山西的成败很要紧，山西独立使京畿震动。我已和二十镇统制张绍曾、协统蓝天蔚联系好，山西的军队，张、蓝的军队加上我们第六镇的队伍，会师北京是一定可以成功的。现在袁世凯派人到武汉捣鬼，他是有阴谋的。我们如果早到北京，就可以把他的计划完全打破。因此，山西成败关系重大。再则，山西是我们中国民族最重要的堡垒。将来中国一旦对外有事，海疆之地

---

① 卞孝萱：《辛亥革命山西资料片断》，《近代史资料》1957年第5期。
② 《阎锡山早年回忆录》，《近代史资料》第55号。

第四章 吴禄贞与阎锡山共组燕晋联军

是不可靠的。那时候,山西要肩负很大的责任。所以,山西要好好地建设。"这一番话,使在场的人无不感动。吴接着又说:"现在北京授命我做山西巡抚,我是革命党,这对我真是笑话。阎都督是你们山西的主人,我是替他带兵的。"①他的讲话博得与会者的热烈掌声。会议决定成立燕晋联军,公推吴禄贞为燕晋联军大都督兼总司令,阎锡山为副都督兼副总司令,温寿泉为参谋长;并决定山西民军派两个营开赴石家庄,归吴指挥,共同执行截断京汉路的任务。②然后挥师北上,直捣北京。

会后,吴禄贞返回石家庄。山西民军先头部队祖树棠一个营随后乘车出发。祖营长到石家庄后,将所带的《山西革命军公电》,由电报局发往各地。电文为:

> 各省军政府、各同志、各机关鉴:晋军起义,天人顺应,第一要务,惟在直捣燕京。前以未得东南声息,故据险暂守。嗣知南省联兵悉起,晋军队分二路北攻:一路占娘子关前方及石家庄;一路规略宣、大,现在已抵南口之背。袁世凯拒战无效,近遂别施诡计,时造谣言,谓晋已与彼连合,冀图解散人心;讵知晋军为恢复而起兵,为和而战,一德一心,绝无他念。三晋士民,莫不赞同此义,决不受袁运动。现在惟待东南义军,刻期北伐,直抵燕云,以成大业。树德务滋,除恶务尽,我晋千万同胞,人人皆负此责也。乞代宣布。十月十五日(11月5日山西公电自石家庄发)③

当天,吴禄贞又致电清内阁、军咨府、陆军部和资政院,谎称已招抚山西民军一个协、巡防队二十余营,要求停止战争,并劾陆军大臣荫昌等人在武汉前线治军无状,应予严行治罪。其电文为:

---

① 何遂:《辛亥革命亲历纪实》。关于会议时间,何文为 6 日,《阎锡山早年回忆录》为 4 日。山西民军开赴石家庄,当在会议之后,祖树棠于 5 日在石家庄发出《山西军政府公电》,由此可见会议当在 4 日举行。
② 张国淦:《辛亥革命史料》,第 204 页。
③ 引自《中华民国开国五十年文献》。

晋省风雷

　　为时势危迫，恳明降谕旨，停止战争，以固人心，为维大局事，窃以为革督（湖广总督）瑞澂骄横无状，逼变鄂军，朝廷不得已而用兵。军咨府、陆海军部不能仰体皇仁，竟揭全国海、陆二军之力，以攻击武汉三镇。压制之力愈大，而反抗之祸愈烈。半月以来，内地十八省纷纷告警，已成土崩瓦解之势。朝廷翻然变计，始以改良政体为不容缓，而为时亦已晚矣！窃计政府今日所汲汲者，在克复武昌。以为武汉握天下之中权（枢），交通便利，财源丰富，且有兵工厂制造武器，足为革党之根据地，武昌克服，则各省乱党，自当消弭于无形。然此在鄂军受乱之初则然耳！至今日倡叛独立者，既及十省，非有十镇精兵、万万军费不可。而政府今日所编之第二军，不（未）赴战地军费已经告罄，仅恃内帑，以为接济。财力兵力之不足恃，已显然暴白于天下矣！而（何）况武昌革军，据有长江之险，利用坚垒巨炮，其胜负尚在不可知之数乎？故近日局外各国，已暗倡南北分治之议。然时局如此，即合全国之力，尚不足以抵御外侮。若更瓜剖豆分，益成危弱。即不然，延长战争，至力尽财穷，各国乘隙而来，将坐收渔人之利。禄贞窃以为今日计，莫若明降谕旨，大赦各省革党，速停战争，庶可以息兵革之祸，而救危亡之局。夫革军之所以敢冒不韪，赴汤蹈火而不辞者，固欲求国民之幸福，而非甘心与国家为难也。现禄贞已招抚晋省混成一协，巡防队二十余营，可供调遣。如蒙采一得之愚，请饬冯国璋军队，退出汉口。愿只身赴鄂，晓以大义，命其输诚，以扶危局。倘彼不从，当率所部二万人，以兵火相见。朝廷若不速定政见，深恐将士奋激，一旦阻绝南北交通，而妨害第一军之后路，则非禄贞所能强制也。是非利害，伏惟朝廷计之。抑更有不能已于言者：现有鄂中父老多人，哭诉前来："鄂垣倡乱，本少数革命党所为。自官军占领武汉，始以巨炮轰击，继则街市被焚，烟焰数日未息，兵骄将悍，纵肆杀戮，奸淫掳掠，无所不为。商民逃窜一空，即被伤之兵，亦无不盈橐珍积。此等举动，行之外国战地，借以灭其种，耗其财，犹（尤）为公法所不许。况在本国财赋荟萃之地，人民生命财产，忍令妄遭荼毒，此岂朝廷用兵之本意乎？现又闻由京运二十四生的大炮四尊，预备攻城，残酷实无人道，武汉人民哭声震地"等语。部下将士，闻之坠泪。禄贞桑梓所关，尤为心痛。此次鄂省战事，为外人所注视，似此残无人理，恐至腾笑万国。此皆陆军大臣荫昌督师无状，司长丁士源、易乃谦逢迎助虐，结怨人民，激变各省军队，以至大局不能收拾。应如何严行治罪之处，出自圣裁。禄贞为保全国家，维持平和起见，不惮斧钺之诛，慷慨直陈，自知罪戾。恳请代奏。①

燕晋联军的组成，山西民军开赴石家庄，运往武汉前线的辎重车辆被扣留，京汉路被截断，吴禄贞又要求停战并对陆军大臣荫昌等严行治罪，这使清政府高级官员和袁世凯对吴恨之入骨，特别是袁世凯，更以去吴为当务之急。

---

① 卞孝萱：《辛亥革命山西资料片断》，《近代史资料》1957年第5期。

第三节　燕晋联军总司令吴禄贞被刺

吴禄贞与阎锡山达成燕晋联军的协议后，认为形势很好，并没有意识到敌人的阴谋和自己处境的危险。11月7日晨一时许，吴禄贞在石家庄车站办公室与参谋张世膺（原任奉天陆军小学堂总办，任职不久）、副官周维桢批阅公文，突被进来请安的卫队长马蕙田行刺毙命。关于这一事件，张国淦在《辛亥革命史料》里据何遂日记作了简明扼要的记述：

自燕晋联军公开宣布，截军械，劫荫昌，扼制京汉铁路。袁世凯新任内阁总理大臣，在汉口前线不敢到京，于是用暗杀手段（直隶总督陈夔龙《梦蕉亭杂记》：为项城遣人暗杀），以重利啖其旧部周符麟下手。周符麟者，第六镇第十一协统领，被吴撤职，易以吴鸿昌（笔者注：吴为第十二协统领），因此怀恨，久思报复。周东北人，骑兵第三营营长马蕙田亦东北人，吴在延吉时，马即跟随吴，吴颇信任其人，故令其为卫队长，狼子野心，吴不知也。十五日（公历11月5日）周到石家庄，到后不谒见吴，即与马蕙田等约集军官开会，引诱军官。何遂报告吴，吴说："不要紧，卫队长马蕙田是靠得住的。"天黑时陈其采来，亦与周等开会。何又报告吴："危险，要警惕！"吴态度仍安详，说："我有何惧。"不知彼等以银三万两给马，密令其行刺也。十六日夜十一点多钟，吴正与参谋张世膺、副官周维桢，在车站办公室批阅机密文牍，马蕙田同参谋夏文荣、队官吴云章、排长苗得林等四人进见吴。客厅外是一个小院，马说："来向大帅贺喜"，打下千去，就从衣服下拉出一支枪来。吴一看不对，一手拉出枪，从窗口冲到小院里，跳上墙。马等连击，吴腿中弹跌下回击，马等向外跑去，吴在后面追。走到墙外，伏兵起，头部中弹倒地死，并丧其元。张世膺、周维桢同时殉难。

第 四 章 　 吴禄贞与阎锡山共组燕晋联军

何遂在睡梦中被枪声惊醒，出来一看，才发现吴禄贞、张世膺等被刺身死。当他明白发生兵变之后，悲恸欲绝，就向山西民军驻地跑去。后来又受到同盟会员倪德薰（普香）的保护，才发现副官齐燮元带领约一个连，臂缠白布，宣布起义。禁卫军的一个旗兵团，听说有人起义，吓得向北逃跑了，武器弹药扔了一地。①

太原起义后由北京绕平山、盂县回到娘子关前线的景梅九，在半夜一点多钟接到石家庄的电话，得知吴禄贞被刺后，特别是同第六镇进行联络的同盟会员仇亮（湖南人）特别懊丧。他们同姚以价商量，决定由仇亮、景梅九、姚太素等率兵一部到石家庄料理后事，看望在那里的山西民军，并相机动员第六镇官兵为吴统制报仇，同山西民军一起革命。他们于11月7日上午到达石家庄，在车站看到臂缠白布的起义士兵，并遇到何遂，后来又遇到第十二协协统吴鸿昌。双方会商善后。仇亮以山西民军参谋长的名义，景梅九、姚太素等以参谋的名义出席。关于会谈的情况，景梅九作了记述："我开口向吴氏说：'吴统制虽死，但是他和晋军的联合计划，我们还应该继续实行！'吴氏问：'我们底（的）军饷，晋军能担任（承担）吗？'我慨然道：'能，晋军不缺饷，即再增数万兵，也有力担任！'这几句话，却（决）不是应酬门面，我心里有个筹款计划，以为定能办到的，所以毫不含糊地答应了。吴氏见我答应的慷慨，便道：'好极了！有什么意见，都可以发表。'仇氏主张先发一电，给张绍曾氏，请他由奉天发兵，直攻北京，第六镇为声援，何参谋拟妥即发，并主张发令先断南北铁道两段，以阻清兵南下，而解武汉革命军之围。此项命令亦由吴氏许可，由何拟定即发。到石家庄才知绥卿已经截留向汉口运送的德国造枪炮子弹数百万（发），所以当席发言曰：'吴统制截留之子弹，可移存娘子关，较为妥适；恐此间军队如一旦开发，恐不能携带故。'吴氏也认可。仇氏主张由吴氏集合六镇兵，由我们集合山西兵，为吴统制举哀，并誓师北伐。吴氏也没说别的。此外还有些小问题，都解决了，并邀他先到娘子关一行。说话中间，时已垂暮，于是大家起身，要分头去集合军队；我又向吴氏说了两句话道：'兵贵神速，若乘此机北上，大事可成！'

---

①何遂：《辛亥革命亲历纪实》。

晋省风雷

吴氏却说了一句不中听的话道：'怕我们的兵不开通！'"①结果，这个满口好话的吴鸿昌趁何遂去发电报之机，便带着队伍跑到滦城去了。

于是，大家命令士兵把几百箱枪弹炮弹，还有几十包大米都装到货车上运往娘子关。第二天（11月8日），杨彭龄又到石家庄寻找何遂，并同他一起把吴禄贞和张世膺等的尸体运到娘子关临时埋葬，同时将通往娘子关的铁路破坏了一段。第六镇里的同盟会员何遂、孔庚、王家驹、刘越西、李敏、倪普香等，从此转入山西民军进行革命。

遗憾的是，山西民军当时力量薄弱，未能乘乱增兵进占石家庄，扼京汉路而阻袁世凯北上，进而再图攻取北京。昙花一现的燕晋联军就此结束，进军北京的雄图大略也随之放弃了。

1912年元旦，南京临时政府成立。3月7日颁布了《大总统恤抚吴、张、周三烈士令》。文曰：

> 据陆军部呈称："窃维荡涤中原，肇建民国，为先祖复累世之仇，为后人造无穷之福，实赴义先烈捐躯洒血，以有今日。起义以来，效命疆场，碎身沙漠，若将若士，更仆难数。而吴禄贞、张世膺、周维桢三氏者，为同胞惨死，尤最凄怆，宜先抚恤者也。爰采各国抚遗恤亡之例，定抚恤章程：凡此起义诸将士兵卒，或遇害于行伍，或遭凶于暗昧，均按其等级高下，呈请赐予一时恤金及遗族恤金，以酬忠烈，而励将来。查吴禄贞应照大将军例，赐一时恤金一千五百元，遗族每年恤金八百元；张世膺照先右将军例，赐一时恤金一千一百元，遗族每年恤金六百元；周维桢照大都尉例，赐一时恤金九百元，遗族每年恤金五百元。拟请从酌准赐予三氏恤金，以为我共和开国报功酬庸之先表，宣示天下。以不负忠烈之意。为此呈请查核，伏乞照准施行"等情前来。查民国新成，宜有彰勋之典。吴、张、周三氏，当义师甫起之日，即阴图大举，绝彼南下之援，以张北伐之势。事机甫熟，遽毙凶刃，叠被重伤，身首异处，

---

① 景梅九：《罪案》，第222-223页。

死事至惨，而抚恤之典尚尔缺如。该部所称，实属深明大体，应准如所请。此令。

3月14日，黄兴在上海张园召开了追悼吴禄贞烈士大会。会上宣读了孙中山的祭文：

> 荆山楚水，磅礴精英，代有伟人，振我汉声。
> 觥觥吴公，盖世之杰，雄图不展，捐躯殉国。
> 昔在东海，谈笑相逢，倡义江淮，建牙大通。
> 契阔十年，关山万里，提兵燕蓟，壮心未已。
> 滦州大计，石庄联军，将犁虏廷，建不世勋。
> 狲獝磨牙，蜂虿肆毒，人之云亡，百世莫赎。
> 泉下同袍，惟周与张，庶相民军，恢复汉疆。
> 邦基始建，公目未瞑，敬奠椒桂，以酬忠魂。①

在太原，1912年山西当局派员到娘子关将吴禄贞烈士等灵柩迎至太原，并请家属到并为之易棺改殓，召开追悼大会，又派员在石家庄车站附近，修治墓地，建造专祠，于1913年11月7日烈士遇难二周年之日，举行了安葬典礼，并树碑纪念。山西晋城郭象升（字可阶）以阎锡山之名义，撰写了《故燕晋联军大将军吴公之碑》，其文（见《郭允叔文抄》卷下）曰：

> 呜呼！自民军建义以来，天下雄骏奇男子，断胆陷胸，以殉其夙昔所抱之义者多矣，其成败或局于一隅，其得失或待乎论定；若夫举足右左，禹域大势随之为转移，虽所事不终，而声势硡磷，足以慑敌胆而夺之气；肘腋折挠，亡形成焉，如绶卿吴公者，其志事尤可悲也！
>
> 辛亥九月初八日，晋民军起，锡山被推为都督，与诸君子策攻

---

① 《云梦文史资料》第7辑，第212页。

晋省风雷

守方略，佥曰守娘子关最急，是日移偏师驻之。事起仓卒，公私赤立扫地，于守事未能善也。当是时，武汉一日战数接，南北汹汹，未有所定。公方为清六镇统制，与滦帅今归绥将军张绍曾谋举义河朔，留滦军中久之，而清廷以公部将吴旅长鸿昌将六镇兵攻晋，辅之以旗军，惧贰也。于是参谋何遂、朱鼎勋来觇军，至乏驴岭，知晋守不固，有主速攻者，遂诡词阻之。遂以六镇军次石家庄。公至自滦军，审晋事，欲只身入京，有所要请。公客周维桢、张世膺曰，公在滦所图者何事？清廷宁不闻之，是入虎穴也。乃止行，而使周维桢来议联军事。锡山与维桢约：吴公果助义师者，当檄旗军攻固关，晋击其前，公击其后；旗军歼，燕晋联军之事，乃可言也。维桢以报公。公允之，而诡以招抚晋军入告。清廷因疑公不诚，然卒授公巡抚，冀可以爵饵，而公划策覆清益急。会清南征军军火过石家庄，公挥部下径留之，复草疏请正汉口军焚杀之罪，意将坐以困清也。锡山使参谋仇亮促进兵，又以电话谐之曰："公为巡抚所动耶？"公遽曰："是何言？行当至关上，与公相见，掬示方寸耳！"九月十四日，公与吴鸿昌、何遂叩关请面锡山，锡山坚持前约。公笑曰："少须之，定不相负也！"呜呼，岂知祸变遂生于意外也哉！虽然，公死而清室已震撼不固，晋军形势既振，清南征亦狼顾惕息焉，首尾衡决，和议之说遂起。然则公之为功于民国者大矣！非特晋事赖公以无败也！

始公以世家子留学日本，庚子唐才常起义汉口，公焚大通应之，事败东走，清大吏名捕公，不能得。文网稍弛，归为清廷筹练新军，又充专使，与日本争间岛，以劳烈授副都统，佩边务大臣印。已而充六镇统制。六镇者，旧武卫右军也。公至军，稍变其营制，又欲易置将弁数人，未得竟施，军中向背各半，故谋公者得因而用之。初，清军咨使良弼，与公相善也，然内实忌公甚，至是以二万金贿公部下阴图公。公驻军石家庄，以车站票房为行辕，夜饮酒醉，与周维桢、张世膺治军书；刺公者突前，以贺简晋抚为言，枪击公，中要害，遂取公元以去，世膺、维桢并死之，时清宣统三年九月十

第四章　吴禄贞与阎锡山共组燕晋联军

六日夜分，实十七早一钟后也。呜呼，岂不悲哉！公初与锡山约，以晋军六营至石家庄防旗兵为变，锡山檄刘国盛率第一营赴其约，甫至，而公被刺；遂拆毁铁路十余里，收公辎重以西。公部下闻变，悉臂缠白布出与旗军战，久之始定，而燕晋联军之举遂已矣！

公讳禄贞，绶卿其字，湖北云梦人。八九岁诵书史，日可千言；稍长，学剑术，治兵家言，皆深通；溢其余以为诗歌；行草书尤迈往可喜；开朗豁达，视当世蔑如也。始与锡山见，即曰，我老革命家，子不闻耶？又曰，晋事我俱知之，某年某月成几军，某年某月购械弹若干，耗用外，今当存若干。言之历历，如屈伸指而数庭树，锡山为之瞠也。死时，年仅三十有二。其事状世既多有传者，兹不著。著其关键兴亡者，俾过燕南者，流连故垒，慨然想见公之为人，不独锡山区区抒其私痛已也！

系之铭曰：

有奇男子，起江汉滨，躯干虽小，气压辈伦。侧足焦原，包天者胆，投龟大吁，缚虎笑瞰。再扦文纲，卒应世儒，纍纍白晳，专城以居。人亦有言，授人以柄，彼昏不知，日入吾阱。北风胡马，越鸟南枝，炎耶黄耶，惟寐忘之。合燕晋军，拊京师背，指顾之间，天下两戴。志则大矣，命其奈何！飞蓬之间，以身荐瘥。血食万家，曰酬发难，矧公勋伐，固一时冠。峨峨贞石，刻此铭辞，为天下痛，非以其私。来者为谁，敢告一语，失败英雄，独有千古。①

---

① 中华人民共和国成立后，吴禄贞陵墓定为重点文物保护单位。在十年动乱中，遭到破坏。1982年迁建于石家庄市长安公园西北隅土山东侧，三座汉白玉磨制的纪念碑上，分别镌刻着《故燕晋联军大将军绶卿吴公之墓》、《故燕晋联军参谋华飞张烈士之墓》、《故燕晋联军参谋干臣周烈士之墓》。3月25日陵园落成，4月12日石家庄各界代表举行了扫墓仪式。吴禄贞烈士的长子吴忠黄和幼女吴忠瑛，分别从香港和美国赶来祭奠。吴禄贞身后资料主要取材于《云梦文史资料》第1辑。

晋省风雷

第四节　山西军政府练兵
筹款迎接新的战斗

　　燕晋联军的计划破灭以后，景梅九作了深刻的反省，他发现他被一种痴想误了事："你道我有什么痴想？我以为石家庄一番停顿，使南北交通中断，清军在武汉前敌者，必发生恐慌，民军可以乘胜得利，则武胜关不难下。一面张绍曾念同仇被刺，直以一军拊北京之背，则中央必生绝大风波，同人在内响应，成功有望。且北洋军队，多汉人主帅，当此种族主义昌明，必有一番觉悟，不肯替满人出力，自残同种了，还有什么仗打？嗳！大错特错！哪知道这些奴才们，一点觉悟也没有，仍是一肚子红顶花翎，但想借同胞髑髅，作升官发财的资料（本）呵！所以他们不但不和革命军表同情，而且要极力破坏民军的实力。当石家庄铁路中断了数日，山西并未出兵，固然是兵力不敷，以及统军者精神不振，也由我主持不力（即误于痴想），以致让袁世凯乘（趁）隙入北京，遂不能彻底澄清，遗恨何限！此实种族革命时代罪案的焦点，终身莫赎此耻了！写到这里，实在不想再续下去。但前车之覆，仍为后车之鉴；况失败中夹带着无限同胞血泪，有不忍使之埋没在'表里山河'间者，故只得忍痛叙出，以供世人的指摘（责）！袁氏入京，姚（以价）君亦痴望其能藉（借）众力以覆满清，不至（致）再与革命军为难；谁知袁氏心怀奸诈，既想利用民党，覆灭清室；又想制服民党，归依一己；故入京不久，即遣第三镇到石家庄，谋攻山西。"景梅九的反省，何等深刻，何等痛切。这话虽是后来写的，但当时确实已有这种认识了。

　　下一步怎么办？娘子关虽然形势险要，但山西缺乏炮兵，"虽有可守之地，而无可守之器"，敌兵攻来，将如何对付？这时，山西境内重要城镇只有太原一地起义，于是景梅九想到分兵南北的问题，免得困守一地，全军覆没。景梅九回到太原，密对阎锡山说："娘子关终不可守，一旦失败，非南退必北进，今不速图，将来恐北不能过雁门，南不能逾霍山，我辈必进退失据，奈何!"阎锡山很同意他的意见。①

当时,景梅九是军政府的政事部长,他当然要为部队筹措经费。藩库被抢后,军政府曾临时发行一种军用券,但信用很差,难以流通。一日,在军政府会议上议及军饷时,景梅九提出只有向富豪借款之一法。有人怕有扰民的嫌疑,景梅九说:"此次革命不但解决种族政治问题,社会问题也应一并解决。山西富豪,家资敌国,乘(趁)此机会,一为平均之,乃是革命要着,不惟筹款而已!"赵戴文赞成说:"梅九说的是!我们就实行起来,先向最便家,派人去借好了!"阎锡山同意大家的意见。于是排起富豪的名字来,首推祁县渠家,次为太谷某家,然后是榆次常家,并决定由李大魁(梅峰)和姚太素(守质)率学生军一队先到祁县渠本翘家去借。学生军初到渠家,楚南的父亲尚思闭门谢客,学生等乃向其门口,空放了几枪,渠老先生大恐,央人说:"再不要放枪,家里小孩害怕,我早想帮助军饷的!"双方进行商谈,李大魁提出要借百万。但渠家只答应借给白银四十万两,第一次先解二十万到太原。于是,学生军高高兴兴地把这批银子解回太原。民国成立后,山西当局以省银行股票予以归还。

还有一个问题是募兵练军的问题。当时山西民军虽然号称四标,但老底子还是原来的两个标,兵力确实不足,只有走编练新军的路子。大家议定成

山西大学堂

---

① 景梅九:《罪案》,第225页。

晋省风雷

立一个团的敢死军，"排长称连长，连长称营长，营长称团长"，由杨彭龄任敢死军司令（未到职），何遂任参谋长，具体负责编练事宜。阎锡山同意后，就在侯家巷山西大学堂内，边招募边训练。洪洞、赵城民性强悍，当地哥老会势力很大。在哥老会龙头的支持下，以广胜寺为中心，集中了很多青年，他们分批来到太原，许多人成了敢死军的士兵。所以何遂的敢死军很快就编成了。他们身穿灰布军装，接受政治教育和军事训练，在山西大学堂的操场上，一面操练，一面歌唱何遂自己编的革命军歌：

泱泱大国风，三晋中原雄，龙蛇起陆开运动。练我体力强，壮我精神种，气吞满虏人人奋。东下石家庄，北定顺天府，胡儿出走还我中原土。仇袍与子同，纠纠干城用，军歌铙吹饮黄龙！①

此外，杨彭龄编练的还有新编混成旅等军队。从洪、赵等地招募来的新兵，因无枪弹，但可用自造炸弹武装，遂编为霹雳队，以李鉴三为营长。孔庚到了太原，阎锡山任命他为高等军事顾问，后来又委他为"朔方兴讨使"，让他率兵一部，进军大同。

12月初，传来了袁世凯与黎元洪可能议和的消息。当时大家的革命情绪非常高涨，听了都不以为然。特别是仇亮更持反对意见。他对景梅九说："袁世凯欲利用和议，懈怠革命军进取之志，黎元洪本非民党，恐由此让步下去，革命大事必至失败。我有心到湖北亲见黄克强，力阻此种和议，坚持我辈宗旨，非打破北京，自建共和，绝不罢休！你以为如何？"景梅九赞成他的意见，并同阎锡山商量。阎闻仇亮去志甚坚，决定给予山西民军代表的名义，到武汉一行。荣炳说，应当由阎锡山致黎元洪一函，表明我们的决心。阎请景梅九执笔。景梅九回忆说："对于当时革命大势，（我）亦有一番感慨，乃启墨伸纸，执笔直书，真所谓'文不加点，一挥而就'，把肚子里的种族主义，发挥了一个不亦快哉！"此书很受当时同志们的推崇，谨照录于下：

---

① 何遂：《辛亥革命亲历纪实》。

第四章 吴禄贞与阎锡山共组燕晋联军

宋卿大都督麾下：锡山本山右武夫，不识天下大计，惟念炎黄神胄沦于异族，几三百年。古云："胡无百年之运"，兹乃过倍。斯诚汉族男儿之奇耻大辱，无面目以见天下者也。曩在倭岛，与二三同志，酒酣耳热，论太平遗事，未尝不痛恨于曾、李诸奴，罔知大义，自戕同胞；而亦叹息于洪、杨诸杰，失雄图远略，死守金陵，无北伐志，为自赎光复之大业也。自时厥后，汉家儿之谋兴复旧物者，断胆陷胸，相继流血于赤县神州。今岁广州之役，黄花岗上，长埋七十二雄鬼，实吾党革命以来之最大牺牲也。其在满奴，以吾党势力仅能达粤土，经此败挫，当为不复燃之死灰。不图麾下奖率同志，倡义武汉，克定南疆，旬日之间，天下响应。三晋健儿，闻之鼓舞，于前月八日纠合同志，乘满臣不备，攻陷太原，树汉帜于并州城上，随进兵井陉、获鹿之野，实欲断虏师后路，以为我南军之遥援。惟自审军力单薄，未克大举深入，乃与吴帅禄贞谋，将联直军为北上之计。事为旗奴窥破，戕我元戎，引师北遁，吴军亦半溃于中途，图北之策，为之一阻。锡山诚愤懑填胸，拔剑斫地，誓欲联合南北义旅，灭虏朝食，以复我同胞之大仇也。奈邮电阻绝，谣诼四起，谓麾下已与满臣袁世凯订约休战，且有要求满虏改制共和之说，锡山窃大惑不解。夫汉族与满虏不两立，爱新觉罗之子孙，率孱弱无能，今所以恃以抗我义师者，仅袁奴一人，奚足为虑！麾下诚能张皇六师，长驱北上，则败清师易于摧枯拉朽也。且改制共和，我大汉民族自主之耳，何要求协议之有？休战议和之说，实懈我军心。锡山闻三楚多奇略智能之士，未必无谋至此，特惧千虑一失，故敢贡其戆言。为今之计，诚宜命水师由海道直攻津沽，与齐鲁之众联合，扼其项喉；大师由陆路北上，锡山不敏，亦且躬率晋军，偕同秦豫之师西出燕郊，据其腹心：务使虏众首尾不相顾，则成功真旦夕间事也。用遣一介之使，略陈鄙衷，且问大计。昔人有言："楚虽三户，亡秦必楚。"天而既厌满德矣，虏岂能与汉争乎？兵贵神速，亦贵果决，若迟疑不断，则晋孤悬一隅，师久无功，将

晋省风雷

使中原父老望断汉家旌旗也。临颖神遥,即祈伟盼! ①

仇亮为日本陆军士官学校留学生,与阎同窗,入同盟会并为铁血丈夫团成员。他到武汉后,书虽转达,但南北议和已正式开始,山西同志的意见只能置诸脑后了(仇后任中华民国南京临时政府陆军部军衔司司长,后被袁世凯杀害)。

① 本节资料除注明者外,均出自景梅九《罪案》第225—231页。

第五章 清军复入太原 山西民军分兵南北

第一节 吴禄贞被刺后清廷和山西民军的态势

第二节 清军攻占娘子关

第三节 山西民军分兵南北

第四节 清军入据太原，卢永祥部残害百姓

第五章 清军复入太原 山西民军分兵南北

第一节 吴禄贞被刺后清廷和山西民军的态势

吴禄贞被刺后,清方一片混乱。直隶总督陈夔龙据正定知府和总兵的报告,于11月7日致电清内阁和军咨府,声称"六、一两镇在石家庄交战","石家庄尚有数名革党,前途甚为可虑"。第六镇第十二协统领吴鸿昌吓破了胆,率部撤往栾城县。后来发现山西民军并无大部队进占石家庄,害怕陆军部以临阵脱逃追究责任,于11月8日又将所部带回石家庄,并夸大山西民军在石兵力,致电清内阁和陆军部,谎称:"新简晋抚吴禄贞被刺后,招抚革军运到石家庄步、马、炮、工部队甚多,其后方军队,亦急输送来石,向本协要求联合破坏京汉铁路、黄河桥、滹沱河桥,逼迫本协连(联)合,速行北上。日昨闲言四布,动摇军心,统领不遂其欲,兵力又薄,深恐陷于危险,以及兵士震动,将来更难收拾,迫不得已,率领本协急到栾城县,拟绕到正定,补充兵力,再行迎击。统领侦知革军将存储石家庄之弹药、粮秣、被服等项,运送娘子关,兵力亦渐退。统领乘夜率本协急进,现已复占石家庄。"①

在这种情况下,清政府于11月8日"当即派段祺瑞前往查办"。袁世凯也由武汉前线回到北京。②

山西军政府也在采取对策。阎锡山一面派南桂馨赴陕(后转赴南京)向革命军求援,又派军政府参议、太平县(后称汾城,今与襄陵县合并,称襄汾县)举人董桂萼赴晋南招抚,派李苑林、胡行赴晋北招抚;一面派常樾、贾德懋到石家庄向段祺瑞疏通。临行,景梅九以阎锡山的名义致段一书,劝其与黎争功,一张汉帜。其书曰:

---

① 卞孝萱:《辛亥革命山西资料片断》,《近代史资料》1957年第5期。
② 张国淦:《辛亥革命史料》,第208页。

晋省风雷

朔风凄厉，未审君之涉吾境也何故？尝闻中原名将首称段黎，今黎已高举义旗，声动寰球；君胡不自振，以与争功名于史册耶？我军屯次苇泽，愿与国人共解时局。此地为淮阴（注：韩信为淮阴侯）拔赵帜树汉帜之地，望阁下能一张吾汉帜而媲美于古英！①

段祺瑞与贾德懋为师生关系，即派专车将常、贾接至官邸。贾递书后，又提出章程十五条，被段拒绝。段亦提出："为欲求和，必须依我章程五条：第一条，须将大都督名义取消；第二条，将革军分散，归陆军各镇管辖；第三条，将新任山西巡抚接至省城到任……"常、贾当即表示反对，会谈未取得任何结果。②

段祺瑞

清政府千方百计地企图恢复在山西的统治。11月14日派渠本翘为山西宣慰使，进行诱降活动。15日，又任命张锡銮为山西巡抚，令曹锟第三镇开往石家庄，准备进攻娘子关。

渠本翘奉命后，即致函阎锡山，劝谕以和平解决。11月24日，阎锡山复函渠本翘，愿在太原共商和平之策。其电文为：

曹 锟

---

①景梅九：《罪案》，第231页。
②《李寿庚呈袁世凯探报》，《近代史资料》1957年第5期，第29页。

第五章　清军复入太原　山西民军分兵南北

楚南（渠本翘字）先生大鉴：昨接赐函，谆谆以和平劝谕，甚感。特兹事体重大，非锡山等数人所敢主持，亦非山西一省所能解决。然而兵连祸结，实非中国之福，诚有为先生所虑者。此锡山等所日夜兢兢，不敢少有张皇之举动，以贻三晋军界前途辱者也。段军门近亦函商休兵事宜，颇合同人凤旨，于是屯兵苇泽，静待和使。并州缙绅之士皆言，非先生归来，断难释种种之疑团，故亦未敢与段军门深相接纳。今同人望先生之远来，如大旱之望长霖。惟祈速踢回示，以便派员欢迎先生于井陉郊上，然后聚议太原，共决和平之策。肃此敬复，不胜惶恐待命之至。后学阎锡山顿首。①

通过谈判，不战而达到和平的目的，反映了民军领导的灵活性。在第三镇兵未到石家庄以前，山西民军的前方敌人是正定镇总兵徐邦杰的部队，姚以价乃函徐"助攻清军"，复树汉帜。义正词严，表现了山西民军的革命气概。其函曰：

久仰鸿誉，时切蚁慕。值兹拨云见天之日，恨识荆而莫由，恭维总镇大人德躬纳祜，虎符凝祥，胸罗甲兵，王将军之武库，手布经纶，武乡侯之羽扇，文武兼备，堪济时艰。方今四海鼎沸，万姓涂炭，凡识时俊杰，莫不拔（揭）杆而起，欲救同胞于水火。是以鄂湘倡义，川（赣）陕接踵，未及三旬，而各省之义旗皆树。晋义虽云后起，而大军已驻井陉与满兵对峙，不日扬武北上追逐满虏。恳请麾下稍展韬略，助攻清军，牵掣三镇左右，共纳斯民于衽席，天下幸甚，大局幸甚。且闻贵军未发薪饷，已三月矣！夫天心厌满，危在旦夕，即旗人粮草满庭，久已无力接济，况汉兵乎？我晋富甲海内，军需充盈。倘蒙体恤苍赤，俯允协助，贵军粮饷，愿照敝军发放，即满政府所未发于贵军者，并且加倍纳给。讬庇鼎力，汉帜复树，微特晋人感荷，即各省义士亦皆仰戴二天。……晋军第一镇

---

① 中国史学会主编：《辛亥革命》（六），上海人民出版社版，第184页。

晋省风雷

第一协统领官姚以价顿首。①

但是,和平谈判也好,动员起义也好,都没有实现。清皇室和袁世凯都要消除山西民军这个肘腋之患,所以只有诉诸武力了。

---

① 卞孝萱:《辛亥革命山西资料片断》,《近代史资料》1957年第5期。

第五章 清军复入太原 山西民军分兵南北

第二节 清军攻占娘子关

应该怎样消除山西民军造成的威胁，清廷官员都在出谋划策。袁世凯深知娘子关雄踞京汉铁路中心石家庄之侧，不能让山西民军长期占有，所以不顾议和即将开始，就决定向娘子关进兵。

派谁向娘子关进兵呢？袁世凯认为驻防奉天的曹锟第三镇"尚可靠"，于11月12日致电奕劻、那桐、徐世昌，饬令该部先行"开赴北戴河一带"候调。大同镇总兵王得胜于11月15日致电清内阁，建议"新抚带队经行大同，与张、绥互为声援，规复较易。着手再迟，则全省糜烂，不堪设想。且雁门关现为我有，从此进兵，长驱直入，省城唾手可得。省城既得，娘子关不战自降"。

曹锟奉命后，即"饬协、标、营准备一切"，候令开拔。但是，他的部下并不完全同意镇压革命。马标统带黎本唐、军需官毕祖诚、书记官周光宗、执事官尚汉英及第一营管带包春芝等，于11月19日离军他去。这引起曹锟的怀疑，与黎本唐平时有来往的步兵第九标第一营管带张学颜、第三营管带孙岳、辎重营管带万其谊等，当即被曹锟撤职。经过整顿以后，第三镇于11月24日由奉天出发，开往石家庄。①

大兵压境，山西民军也在商讨对策。景梅九向阎提出："袁奴远交近攻，欺人太甚！惟有一战，不可退让。胜则长驱北上，败则分兵南北，另作计划。"②阎锡山赞同这一意见，任命乔煦为前敌司令，率原第八十六标一、三两营增援娘子关。随后，阎锡山偕赵戴文、马开崧亦到娘子关督战。援军到达后，晋军的部署是：乔煦率援军据守娘子关正前方乏驴岭，张煌率部据守娘子关右前方雪花山，旧关亦由张煌部驻守，娘子关由敢死军、学生

---

① 卞孝萱：《辛亥革命山西资料片断》，《近代史资料》1957年第5期，第25—27页。
② 景梅九：《罪案》，第235页。

晋省风雷

队驻守。①

时南北议和即将开始,袁世凯急于消除山西民军这个肘腋之患,所以命令第三镇攻占娘子关。

12月8日,两军激战。

关于这次战斗,郭孝成在《山西光复记》中有比较详细的记述:

十月十八日(12月8日),清军三镇全军,由石家庄开往井陉,于晚十一点钟下车。民军四五百人,即乘夜袭击,激战二时许,民军受伤者数人,当即被清兵刺死。民军败退,守乏驴岭。当时清兵遇站岗巡警,问民军去向,巡士答以不知,亦被清兵用枪刺死。又路南杂货铺张姓叔侄二人,以言语不通,亦被清兵刺死,忍哉!

十月十九日(12月9日),清兵由井陉起发,至蔡庄,方安置炮位,欲攻乏驴岭。岭上民军望见,即有数十人由岭驰下,前来夺炮。两军逼近数十步,开枪互击,激战甚烈。敌兵极力支撑,民军未得将炮夺取,当场死敌人管带官一名,军士六名,受伤者十八名,舁往石家庄医院调治。民军受伤者数人,卧于路旁,后被敌兵用枪刺戳死。有民军将弁二人被俘,为清五协统领卢永祥带回井陉,二人怒眦尽裂,开口大骂,卢即命人击杀。

十月二十日(12月10日),敌兵见乏驴岭兵势甚厚,急切难下,即由岭北绕道西进,至雪花山地方,民军伏兵四起。两军交锋,自早五点至午后一点钟始息。民军大败,被虏二十余人。清统制曹锟、统领卢永祥,各用腰刀亲杀十余人。敌兵复争至战地,将受伤未死之民军首级割下,到营前献功。数日来以此役为最烈,民军死者五百余人,敌兵死伤约百余人。

十月二十一日(12月11日),有平定州及娘子关绅民,公举代表二人,到清兵营前,要求停战议和,途遇井陉县高等小学堂学生一人,亦愿偕往,当即同行。至清统制营外,说明意见,听候接见。

---

①李应生:《辛亥前后山西军界见闻》,《山西文史资料》第19辑。

第五章　清军复入太原　山西民军分兵南北

诋曹锟大怒云,此必革匪细作,勿庸进见,即于营外正法。口令甫出,彼主持人道降心求和之代表,同赴断头台矣!

十月二十三日(注:据曹锟电,应为二十二日,即12月12日),敌兵先将乏驴岭据住,然后架大炮,直向娘子关连击七炮。民军见寡不敌众,遂弃关退走,至阳泉驻扎。敌兵见民军败去,即将娘子关占据,民军大炮四尊,子弹数百箱,稻米八百袋,均被夺去。其余民间财物,被官兵劫掠一空,复欲下关进攻平定州,以为发财计。经段芝贵阻止,始据守娘子关,暂行停战。[1]

娘子关战败,姚以价、阎锡山等均撤返太原。未及周密布置,即按原来的"分兵南北"之议,分头行动。姚以价脱离民军,径走天津,后转赴江西,担任了李烈钧的参谋长。关于在太原出走的情况,景梅九在回忆录中写道:"未几,姚(以价)君即由娘子关回太原,我方疑其退兵过速,一时阎、黄(国樑)俱返,神色仓皇。但云:'刘越西君,苦战雪花山,身浴炮火中,很勇壮!但不能当敌炮火连发;且命中甚准,弹已落到前敌司令部,故我军不能再守!'我道:'宜镇定,勿张皇!我拟一文告安人心,彼军未必敢入关。'阎不答。我即辞出,到政事部,拟安民文告成,张贴街市。然阎已出城北走,人心不靖。此固预定计划,但如此慌迫,实违我心。我因到报馆,对(郭)润轩说:'他们走了,不要紧,我们守城,效死勿去!'张翙之(起凤)君强拉我去陆军学堂见杨篯甫(彭龄)。杨方搥胸痛苦曰:'我对不起山西人!'一面说,一面以手枪自拟。周耀武君连忙抢过来,从杨手中夺下手枪来说:'要死大家死在一处,现在他们走了,我们把军队整顿起来,还可以自守,为什么要死?还没到死的时候哩!'我很壮周君的话,也劝了篯甫几句。时岐山已从太谷来,说他'共得枪数十枝(支),和娘子关下来的军队联成一气,还可以革命。'他又对我说:'南下军队和我有旧,且陕西民军,都和我们有关系,南下可以联合下河东,出河南,再谋大举。'这几句话很使我动意,因我正念井勿幕故。温静庵(寿泉)君亦主南下,我乃劝周君牺牲意见,同到南路

---

[1] 郭孝成:《山西光复记》,载《辛亥革命》(六)。

晋省风雷

再讲,并道:'你们可以率队前行,我率学生队保守(护)辎重车殿后!'"[1]

就这样,在仓促之间,阎锡山率晋北人北上了,温寿泉率晋南人南下了。

在南京的山西军政府代表李素和刘懋赏为此向全国发出告急书,要求实行停战,还我侵地。其电文如下:

> 胜残去暴,建设共和,四百兆人同兹愿也。晋人苦清虐政久矣,徒以筹画(划)未完,不敢遽发。及闻武汉倡义,遂于九月八日,兴起义师,驱暴吏,击防兵,崇朝之间,太原抵定。随即推举都督,建设军府,遣兵扼守娘子关,以防清兵入窜,一面派人分赴各属晓谕人民,靡不鼓舞欢欣,共图义举。惟雁门关兵士,负固不服,戕我议员,贼我学生,害我行旅,我于是有大同之役。义旗所指,亦即荡平。原拟部署稍定,即出井陉,进占获鹿,直取幽燕。嗣以器械不完,不足以勤远略,爰改定方针,一意固守,以待南师北上,赶日会师。一面牵制敌军,遥为武汉声势。然风声所树,敌忾同仇,视死如归,发扬蹈厉,则是山西固无负于天下也。乃相持弥月,不见南军之来,敌军欺我无援,攻击益甚。重以僻处西鄙,邮电不通,秦师之联合未成,南军之实情未悉,深恐益形孤立,愈促危亡,因派素等南来,藉通款洽;以道途梗塞,探谍綦严,乃间关跋涉,备历艰虞,始克抵此。惊魂甫定,得与四方豪杰聚首一堂,欢忭之余,每觉九府十六州泣血死声,盘旋耳际,引领西望,正不知涕之何从也。比闻清政府已以停战为名,遣使和议,而一面尚以晋师为匪,猛力进攻,夺娘子关,进逼省会。嗟乎!晋师独非民军乎?食言而肥,其曲在彼;彼既违约,更何和之可言?且"土匪"二字,彼以之诬我也久矣;武汉起义,彼亦云然。是其欲借和议以缓东南之甲,悉全力以击三晋之师。晋不能守,秦亦难支。彼既无西顾之忧,更得并力图南。远交近攻之计,在彼固为善谋,所谓司马昭之心,路人皆见者。而我民军扰欲与之周旋,岂统筹全局,另有深谋耶?拟

---

[1] 景梅九:《罪案》,第236页。

第五章 清军复入太原 山西民军分兵南北

以晋为不足重轻而姑置之耶？山西僻处一隅，与东南诸省，交通阻阂，消息难传，东南之不能知山西，犹山西之不知东南也。用是山西起义，及种种困难情形，不为东南鉴谅。嗟乎！晋人果何负于天下耶？乃外既困于清军，内将见疏于汉族，犹是国民，进退失据，此素等所为椎心泣血而不能已于言者也。今者和议已开，事机愈急，并复接晋中来电，知敌军节节进攻，再不设法救援，大局益迫。用将山西起义大略及困苦情形，布告天下，务恳坚邀北使，实行停战，还我侵地，偿我损害，然后再议和战，至会师北伐，刍秣粮糗，晋虽褊（偏）小，惟力是视，决不为天下后。若仓卒（促）议和，堕彼奸计，贻误大局，讵堪设想？素等固无颜以见乡人，而诸君子以义声召天下者，当亦不如是也。力竭声嘶，言尽于此，惟我皇汉同胞矜怜而图维之。晋军政府代表李素、刘懋赏谨告。①

这封告急书得到南京临时政府、议和代表以及革命军民的同情和支持，对驳斥袁世凯诬蔑山西民军为土匪，起了一定的作用。

---

① 引自《中华民国开国五十年文献》。

第三节　山西民军分兵南北

　　阎锡山仓皇撤离太原后，并未考虑与大同的起义军会合，即经忻州、静乐、宁武，拟退往清军力量最为薄弱的包头一带，再做计议。行至五寨，与朔方兴讨使孔庚等相会。孔认为阎放弃太原出走，是一大失策，但事已至此，难以挽回，遂建议阎通电全国，声明北伐，以保全山西民军荣誉。阎采纳孔议，旋以孔庚为北路军总司令，凡北进部队，统归节制。孔奉令后，即到代县阳明堡布置军事。

　　阎率部行至保德，吴信芳、张培梅率雁门、怀仁两地民军来会。当时天寒地冻，少吃缺穿，官兵冻饿不堪。阎派张树帜到河曲县筹饷。12月28日，张令河曲县知事祝某于31日捐银二万两，以便购置一切。30日晚，张树帜返河曲催款。"祝某捐款不缴，又令商人罢市。树帜愤甚，即将祝令鞭挞数次，严加看管，令其一面缴银，一面开市。祝令立将捐款如数缴出。树帜遂购布靴一千五百双，布袄一千二百件，棉衣千余套，白面两万斤，小米四十石，干粮三千斤。衣食充足，北上无虞。又闻该县有大炮四尊，上刻神功大将军等字，能容火药七斤半，容子弹三斤半，远击十五里，声闻六十里，即同治七年张曜攻金积堡所遗者。树帜一见此炮，真是喜出望外，叹为天助民军，以灭仇虏！"这批粮服和大炮，运回古城镇分发官兵，军容士气为之一振。

　　阎在河曲县十里长滩附近之古城镇，休整部队。这时，包头的同盟会员杨瑞鹏、王肯堂于策划起义失败后，拟渡河赴陕，行经古城镇与山西民军相遇；李德懋在丰镇起义失败后，亦来到古城镇；张瑜率部会同归绥道外八旗统领周维藩亦来会合；孔庚亦由阳明堡返回。阎遂率各路兵马，向包头进发。①

---

①张树帜：《山西辛亥起义日记》，《山西文史资料》第19辑。《阎锡山统治山西史实》也有记载。

第五章　清军复入太原　山西民军分兵南北

南下的温寿泉等率部出太原沿大路南行。走在最后的是由景梅九率领的押运子弹车的二十几名学生军。到徐沟，大家在一破店休息，又饥又困，情绪很不好。景梅九让同行的郭润轩向学生们解释说："此次南下，还要联合诸军，或东出陕洛，或卷土北上，乃'以退为进'的办法，并非败绩可比，我们必须整装，押定子药（弹）车，徐徐而行，不要忙乱！"这话使大家的情绪稍有好转。不一时，碰到陕西同盟会员王一山，他是陕西民军的代表，来商议建立联军事体的。他介绍了陕西的革命形势，使景梅九等人受到很大鼓舞，特别是对于井勿幕自成一军，陕军可以分兵河东，更寄予莫大希望。

12月13日，南下民军约三千人到达祁县。但是，城门四闭，部队只得停车城外。此时围观的百姓，足有数千，他们见民军很整暇，都竦然环立不动，便想要官车和马。学生阎寅、卫鸿志拔出刀来，吓唬了一下，围观的百姓便走了。14日到平遥，也是城门紧闭，但是城里的人把面食等粮食从城墙上吊了下来，解决了民军的吃饭问题。到介休，则另是一番景象，因为知县是由政事部委派的同盟会员张之仲，自然是开门欢迎。大家有在衙门休息的，有在城外休息的，吃住都很舒适。在灵石，发生了一次小的冲突。温寿泉向县里要官马，县里不给。他的马弁便和城上的人争论，并且向城上开枪。城里便集合人，向民军射击起来。安邑刘长贵中弹倒地，到霍州不治而亡，这是南下途中牺牲的第一人。这天，王一山、李岐山，还有四川的同盟会员公孙长子、吴汇之等都来了，大家商议整顿军旅，有人提议以杨彭龄为行军都督，温寿泉虽不同意，但也不好违被大家的意思，于是做了"行军都督"的旗帜，以壮军威。

到洪洞，得悉刘汉卿率领的南路军现驻县城东北的曲亭镇，景梅九等乃去联系。原来，南路军曾占领平阳，继续南下时在隘口受挫，刘汉卿牺牲，南路军退返洪洞。经过协商，两军合而为一，仍以杨彭龄为行军都督，统率全军。

这时的军事重镇平阳府（临汾）仍为清军驻守。民军南下河东，必须经过临汾，杨彭龄召开军事会议，讨论是否攻城。景梅九说："平阳城坚，且我军初至，主客势分，攻之必不利。不如绕道至河津，打听秦军消息，能渡河与秦军联合固好；否则，乘机攻陷河东，亦上策也！"大家赞同他的意见，

晋省风雷

但又恐清军截击。景说："我军新来，彼不知虚实，但听我军又增厚援，何敢攻我？"有人建议修书一封致谢有功，说明我军目的，以免意外。景梅九遂提笔写道："革命军目的在攻取燕京，以定大局，我军将东出巩洛，与中原义军相会，明日即行开拔，请足下偃旗息鼓，勿自惊扰！我辈决不攻平阳也！"

第二天，民军从平阳城外整队通过，"城上果然偃旗息鼓，静悄悄地若空城一般。进入某村，村人争出观看，也有惊讶的，也有指笑的，妇女躲在门后边看，小孩儿乱跟着跑，没有怕惧。问村名，仿佛听得叫成功村，大家欢叫起来，大吉大利"。

李岐山

"当时全队向襄陵进发，赶日落未接到前卫报告，大家便一直前进。到襄陵城外，听说城内无兵，但城门却紧闭不开，有呼开城的，里边也无人应声。大家急了，一天没吃饭，城外又没店房，天气又冷，在这站着，很不得法。便有主张攻城的。这时前队有一个少年壮士，名张博士，性情激烈，不耐烦，看城门下有缝，便脱衣伏体，匍匐而入，头已入足不能进，呼人从外脱去其裤，乃赤条条的爬进城内，由城缝递进一把刀去，博士便举刀用力斩关，而城门开矣！我似乎所见城内放了两枪，这时也无暇理会这事情，大家一拥而入，直向县衙门奔进。那位县官，躲避不及，慌忙迎接大家入衙。我给他介绍簠甫道：'这是我们行军都督！'又介绍岐山给他道：'这是我们将官！'大家坐定，岐山便厉声问他：'为什么不开城？'他觉得真要杀他似的，站在旁边，连忙说：'我教（叫）他们拿钥匙去开城，这些混账东西们，他们误了时刻，不是兄弟不开城，兄弟是很欢迎大家的！'言未毕，岐山哼了一声又道：'你要小心预备一切！'"于是烤火的柴送来了，粮草也送来了。第二天又开监放了囚犯。

第五章 清军复入太原 山西民军分兵南北

在襄陵县休息一天,民军向太平县进发。"这时打听太平城内有巡防队,生意人讲,还有一个大路,可以绕过太平。温寿泉极力主张绕行,李岐山当时气壮,乃说动杨彭龄,自率一队攻取太平,王一山君愿同往。次早往攻,至晚方回,曰:'城坚不易破'!"后来有人说了一句笑话以解嘲:"太平城当初李自成都没有攻下来,何况我们!"

于是民军只得绕道而行,到稷山城下,但是被闭门不纳。民军扬言攻城,城内派人出城商定,军官驻城内,士兵驻城外,由绅士们捐了一笔款。

12月27日(辛亥十一月初八日),民军抵河津,绅士欢迎入城,即以小学堂为司令部,整顿军旅。"是时民军队伍极为复杂,曰义勇队,曰洪汉军,曰霹雳队,曰学生军,曰陆军,曰改编新军,兵士纷纭,毫无纪律。于是温寿泉、杨彭龄、李鸣凤、吴汇之、景梅九、张翙之等拟将军队重新编制,乃编为步队一标,马队一营,炮队一营,编洪汉军为国民军,以李鸣凤为国民军司令官(一说五路招讨使),以吴养渭为标统,以韩升泉、郝富珍、靳殿华、锺仁义、许多章诸人为管带,此外又编一侦探队以通军事上之消息。"军纪为之一振。同时决定,温寿泉、景梅九等随王一山赴陕西求援。杨彭龄被解除军队领导职务,亦离军赴陕。

12月31日,王用宾从运城来,与李鸣凤等议取运城之策,说运城空虚,如兼程前进,运城可唾手而得,运城下则河东局势可大定。遂决定兵分两路,李鸣凤国民军为一路取道万泉,台寿民等的陆军为一路取道临晋,向运城进发。1912年1月1日,民军进抵运城郊外,闻运城已为陕军攻克,遂驻军北相镇。①

---

① 南下资料主要取自景梅九《罪案》,第237-251页,及《河东革命记》(《山西文史资料》第2辑)。

晋省风雷

第四节　清军入据太原，卢永祥部残害百姓

民军相继北上南下后，太原人心惶惶，有的逃到城外，有的躲入外国教堂，单北门街天主教堂即有千余人之多。市面秩序混乱，多数商店关门。三桥街双福火柴公司改悬日本国旗，帽儿巷（今食品街）隆记纸烟庄改悬英国国旗。不法之徒，蠢蠢欲动。

原来的清政府官员立即死灰复燃，补服顶戴又出现街头，一些盘起来的辫子又拖在脑后。军政府时期悬挂的"八卦太极图"白旗，也被改为黄龙旗。原来山西的清政府高级官员王庆平、李盛铎、骆成骧、连印、王大贞、周渤等，于12月13日立即致电张锡銮："三晋官民，重见天日，无不额手称庆。"他们用原印信并宣统年号，出布告安民，财政、警务等衙门和督练公所相继恢复办公，还命令民军投诚，并发给投诚者一条盖有臬台衙门印信的黄布以资识别。同时，积极整编军队。12月16日，王庆平致电张锡銮："驻省巡防队已成立三旗，招抚兵队将及两营，各区民团巡警，亦均成立，并将警务、财政、督练公所于廿四五日（12月14日、15日）草草开办。"接着，清政府令在张锡銮未到任之前，山西巡抚由原布政使王庆平暂行护理，太原秩序由李盛铎等暂行维持。12月20日，王庆平调离，由李盛铎署理巡抚，并委派许世英为布政使，林学咸为提法使。12月24日，以原山西省咨议局议长梁善济为首的太原官绅各界代表，又到石家庄欢迎张锡銮到并任职。后来又成立国民公会，以原咨议局副议长杜上化为议长。[①]时南北议和正在进行。

1911年12月18日革命军代表伍廷芳在南北议和第一次会议上，要求秦、晋两省清军立即停战。袁世凯复电谎称电讯不通，准伍廷芳用袁的名义，通知各地清将在休战期内不得开仗。12月27日在第二次会议上又议定：自1911

---

① 《旧报见闻》录自天津《大公报》，见《山西文史资料》第4辑。又见《山西辛亥革命函电汇存》，《山西师院学报》1958年第2期，第138页。

第五章　清军复入太原　山西民军分兵南北

年12月31日（农历十一月十二日）早八时起，所有山西、陕西等处之清兵，五日之内，一律退出原驻地百里之外。① 但是，袁世凯、卢永祥和张锡銮并不遵守这些协议。

1912年1月1日，中华民国临时政府在南京正式成立。孙中山当选为临时大总统。

清内阁于12月24日，借口意、英两国教士要求保护教堂，而"令第五协统领官卢永祥率领步一标、马三队、山炮工辎各两队，于十七日（1912年1月5日）早五钟向太原进发"。1月6日，卢部官兵到达太原。张锡銮随后在武卫右军统领王汝贤所部右营保护下，亦向太原进发。张电奏清廷："臣遵于十一月二十一日（1912年1月9日）由石家庄起程，二十二日（1月10日）清晨驰抵太原。统领卢永祥已于先一日抵省。"②

卢永祥

不久，张锡銮奉命会办奉天防务，虽未撤销山西巡抚职务，但已离开山西，③ 以后即由李盛铎长期署理巡抚，直至1912年4月阎锡山返回太原后，始行离职。

卢永祥积极地进军山西，是有赏银的。攻占娘子关，第三镇获赏银二万两；进占太原，张锡銮又根据卢永祥的要求，致电李盛铎发给赏银一万两。④ 这些残民以逞的家伙，哪里考虑山西人民的死活呢！

时河东光复，李鸣凤率民军围攻平阳，清太原镇总兵谢有功屡向张锡銮和卢永祥求援。卢率步、炮、辎重各队，于1912年1月23日（辛亥十二月初五日）继续南犯。据卢永祥报称：27日占领霍州前，在何家铺、老张湾曾遇

---

① 《中国革命记》第13册。
② 《辛亥革命》（六），第209—210页。
③ 《山西辛亥革命函电汇存》载有张锡銮辛亥十二月十六日（1912年1月22日）下午11时从石家庄和山海关向李盛铎连发4电，疑此时即已离开山西,准确日期待查。
④ 见《山西辛亥革命函电汇存》内张锡銮致李盛铎电文。

137

晋省风雷

到民军抵抗。30日（辛亥十二月十二日）攻赵城，双方炮战三小时，民军撤离。2月2日占洪洞，3日进入平阳。①

卢永祥部身穿灰军装，头戴红沿帽。人民称之为"灰老鼠"。"灰老鼠"每占一城，"放假三天"，抢劫杀戮，奸污妇女，无所不为，其中尤以赵城受害最为严重。时家居赵城，曾任陕西长安、兴平等县知事的张瑞玑愤而致书张锡銮、卢永祥，并两次上书袁世凯，对卢部的残民以逞作了义正词严的控诉。今录其致张锡銮书中一段，帮助读者作深入地了解。事非今人亲历，但读之仍令人毛骨悚然，义愤填膺。其书曰：

张瑞玑

未几，而卢永祥统军至矣。十二月一日长驱入赵城，倡言于市曰：奉大中丞令，赵城无贵贱老幼皆革党也，剿杀无赦。于是淫掠焚杀，惨无人理。三日后，始饱载而南。其去也，车四百辆，骆驼三百头，马数千蹄，负包担囊，相属于道。瑞玑家亦被抢，十二日出城，长短各衣，皆被劫脱。率老母入山，山人炊薪赠衣，得以稍安。越二日，遣弟归视，城无市，邻无炊烟，鸡犬无声，家无门户窗棂，箱笥无遗缕，盘盂无完卮，书籍图画无整幅，墙壁倾圮，地深三尺。无贫无富，无居民商贾，挨门受害。死尸横于道，南城半街，灰烬惨然。出城闻枪声四起，盖官军又下乡抢掠矣！环城三四里，男携妇，母抱儿，夜行逃难，踏雪逾沟，山风刺骨，寒齿击战，不敢作声。妇女抱履坐地，泣之以鼻。母掩儿口，使不得哭。狼狈入山，杂类而穴居。冻馁困乏，相抱而泣。泣已，各仰首呼天，不能成一语。瑞玑家三十余口，分窜在西山，析居十余处，越旬日始

---

① 《辛亥革命》（六），第217页。

稍通消息。半月后,南北避乱者,稍有来往,询之由韩岭以至平阳,已无完土。一军如是,北洋全军可知。平阳如是,娘子关、大同又可知。自古以来,不闻有如是之官军;自有官军以来,不闻有如是之焚掠;自有焚掠以来,不闻有如是之纤芥靡遗者!昔明季有谚曰:贼兵如梳,官兵如篦。今日之所指为贼兵者(注:指民军),尚未见其如梳。公所自称为官军者,直剃髯削髻一丝不留,非特如篦而已矣!呜呼,惨矣!……①

从这一记述里,可以看出卢永祥部残酷横暴之一斑。卢部在山西历时三月之久,直到1912年3月底始全部撤走。其罪恶真是罄竹难书。

赵城人民为了不忘这一段惨痛历史,曾铸卢永祥铁像,跪于赵城南门内瓮城西侧。铁像高四尺,宽二尺八寸,两手各捧一元宝。左肩镌"第五混成协协统",右肩镌"山东著名之盗贼",胸镌"卢贼永祥"。背镌《卢永祥铁像铭》:

> 汉族之贼,满清之奴;厥名永祥,其姓曰卢。
> 山东巨盗,袁氏走狗;贪货好色,无赖游手。
> 岁在辛亥,扰我赵城;率贼二千,焚掠纵横。
> 太平以北,韩岭以南;仓无剩米,笥无遗缣。
> 卢贼喜跃,满载饱装;民苦欲死,贼已远飏。
> 未燃贼脐,未枭贼头;铸像道旁,万古同仇。
> 镌字在背,不磨不灭;唾骂千秋,冤哉顽铁。

张瑞玑还作了《卢永祥铁像歌》,记述卢永祥入晋摧残革命、毒害人民的罪行。多年以来为赵城人民所传诵。其歌词为:

> 永安小儿拍手笑,道旁何人跪泥淖?
> 可惜太行山中铁,自炼铸成东海盗。

---

① 《声斥卢永祥的几篇旧存文稿》,《山西文史资料》第19辑。引文中卢军占领赵城时间,与上引张锡銮电有出入,今各保持原貌,待考。

晋省风雷

面目狰狞额纹横,胸腹高凸起双峤。
唇齿翻抵鼻掀天,双膝屈曲两肩峭。
谱牒远溯蓝面鬼,鼻祖耳孙真酷肖。
去年手提虎狼军,跋扈亲捧房廷诏。
不杀国仇杀同胞,五千健儿恣横剽。
背盟夜袭娘子关,隆然雷电飞火炮。
漫天饕雪度韩岭,阴风惨澹卷赤纛。
沿门抄没搜奇珍,破扉掘地穿壶奥。
弹丸飞雨沾血腥,马尘所至遭凌暴。
北掠霍州南平阳,陶唐遗区断烟灶。
劫余居民半入山,冻雪断路冰塞窖。
城墙坐颓飘败砖,战场日落雄鬼啸。
嗟哉汉族负何辜,黄农在天应嗟悼。
今年禹甸生光辉,神州日月八方照。
大义凛然在人心,肯与盗魁共覆焘。
论罪特宽斧钺诛,垂戒援例岳家庙。
相逢秦桧称前辈,各有千秋休嘲傲。
冷风吹面铁锈斑,牛溲马勃无人扫。
功名到此春梦醒,乾坤何地容懊恼。
流芳遗臭两非易,获此立足云厚报。
我欲尽聚九州铁,编铸人间枭雄貌。①

卢永祥铁像一直跪了六七年。卢永祥曾屡请销毁,均未得赵城人民的准许。后来段祺瑞执政,卢系皖系中坚,位至浙江督军。阎锡山投靠段祺瑞,授意赵城县知事,借修路运石之机,将铁像撞倒摧毁。铁像虽毁,但卢永祥蹂躏山西人民的罪行却遗臭万年。

---

① 《声斥卢永祥的几篇旧存文稿》,《山西文史资料》第19辑。

第六章　忻代宁公团的成立和大同起义

第一节　忻代宁公团的成立

第二节　民军北取雁门关

第三节　大同起义与军政府的成立

第四节　大同的攻守战与和议

第五节　清军暴行和宋世杰二次光复大同

第六章 忻代宁公团的成立和大同起义

第一节 忻代宁公团的成立

武昌、太原相继起义后,以崞县为中心,连同附近各县的同盟会员,也都在积极准备起义。续西峰得悉大同镇总兵王得胜向雁门关运送步枪二百支的消息后,立即与代县李嵩山商量,拟召集数百人,在约定时间地点,夺取这批枪支。李前往山阴县岱岳镇守候。当解送这批枪支的清军到达岱岳镇时,李见清兵将枪支放置旅栈院内而不加戒备,遂不顾预先约定的计划,会同其弟泰山临时召集数十人夺取。他们在旅栈门前伪装打架,清兵出栈围观,李即率众进院夺得枪支。他们乘势打进山阴县城,会同警务所所长崔玉成,在城楼上插起表示起义的白旗,打开监狱,放出囚犯。又率众攻占应州,并武装了部分囚犯。大同镇总兵王得胜闻报后,即派哨官魏致祥(一说耿应州)率骑兵一队,来到应州镇压。李嵩山正拟纵横雁北并推翻清室,未防清兵袭击,结果未经训练的农民,被骑兵一冲即溃,弃枪四散(一说被击毙五十余人)。泰山当场被捕,嵩山藏于城隍庙内亦被搜获。王得胜将李氏弟兄寸磔于大同。[①]这是太原起义后,同盟会员在晋北的一次壮举。

太原起义后,晋北各县的同盟会员先后积极行动起来。忻州知州朱善元非常恐慌,谎称丢失印信,在衙内衙外搜寻了几天,实际是防止起义,接着又打发人到工厂察看动静。同盟会员石莹和许之翰告诉来人:"太原成立了军政府,将来安定下来,一纸命令,不管哪州哪县,谁敢不服从,决不碎刀宰割,使各县人民受流血之苦。"朱听了始放下心来。他把从大同路经忻州准备到太原保护巡抚衙门的二百多骑兵打发回大同,并致函定襄、五台两县知事,让他们维持地面。同盟会员赴省请示后,回县即招募学生、工人及失业者组成三个新兵连,由银承业、段絪等任连长,进行训练,准备补充太原民

[①] 周玳:《回忆李嵩山兄弟的壮烈牺牲》;张树帜:《山西辛亥起义日记》,均见《山西文史资料》第19辑。

军。①

五台县知事听从朱善元的劝告，维持地面，同盟会员组织地方武装，他也不加过问，最初双方相安无事。定襄同盟会员贺炳煌到太原会见阎锡山后，回县即招募民团二百多人，维持地方治安，并组织青年参加忻代宁公团。阎锡山北上包头后，知县丁怀棨勾结粮房经承樊成龙和本地劣绅乔艮斋开列同盟会员名单，拟将齐宝玺、牛诚修等逮捕，但双方人枪大体相等，未敢动手。

在崞县北同川以上庄村为中心，早已组织起命名为"仁义堂"的农民武装组织。武昌起义后，"仁义堂"成立了保安社，南同川的西社村也成立保安社，维持地方治安。

续范亭

西社村是同盟会员续西峰的家乡，这里群众革命情绪高涨。太原起义后四五天，阎锡山请续西峰到太原议事，决定成立忻代宁公团，组织一支以农民为主要成员的革命武装，由续任团长。

11月上旬，续西峰由太原回到崞县，迅速与附近各县同盟会员联系，令其带领民团在崞县原平镇集中，并令弓富魁就地在下层群众中进行招募。11月23日，定襄贺炳煌与五台赵丕廉各率民兵一队来到原平。公团遂于是日正式成立，共约一千余人。同时，领导机构相应组成：

团　　　长	续西峰
副　团　长	康佩珩
参　谋　长	赵三成

---

① 梁硕光等：《同盟会员在忻州地区的活动》，《山西文史资料》第19辑。

粮台督办	赵丕廉
五台县分团长	康佩珩
定襄县分团长	贺炳煌
崞县分团长	邢斌丞
繁峙县分团长	任 涌
宁武县分团长	丁致中
静乐县分团长	武泽霖
忻州分团长	王树侯（建屏）
统 领	弓富魁
左翼游击队长	史宗法（可轩） 赵承绶
右翼游击队长	贺炳煌 任 涌
总团部卫队	续范亭 续廷梅

公团组成后，由于士兵多系农民，遂动员或调来陆军小学堂学生赵承绶、张德枢、宫宝衡、续培梅、续廷梅、王靖国、李伯平、樊赓灿、李世杰、李荣、郭建业等担任下级军官及教练员，专负教练之责。旋奉命配合张瑜所率北路军，北取大同。

11月21日，张瑜所率北上民军在原平与续西峰、弓富魁等相会。双方议定，分三路进兵，为直捣大同转取归化之方针：中路出代州攻雁门，东路出繁峙攻胡峪口，西路出宁武攻阳方口。24日决定，续西峰、弓富魁率公团东出繁峙。续派人持函到太原向景梅九征询进军意见，景以"兵贵奇，奇贵速，速贵果"九字复之。①

29日，公团抵繁峙。12月2日公团以左翼游击队为前锋，越铁角岭北出茹越口。时茹越口清军调往雁门关，只有一个班驻守，遥见公团大队人马，即落荒而逃，公团未发一枪即出茹越口。这天正下大雪，官兵踏雪而行，在泥泞中鞋袜湿且不说，破烂者亦有之。在口外用餐，冻饿始得缓解。大家主张休息一天再走，续西峰想起景梅九"奇、速、果"的意见，命令立即出发。

---

①景梅九：《罪案》，第226、231页。

12月4日赶至怀仁县。

  时大同已于11月30日（农历辛亥年十月初十日）起义。清廷派驻宣化等处的毅军陈希义部开赴大同，进行镇压。12月4日抵达阳高县。阳高、怀仁距大同均为八十里，两军于12月5日（农历辛亥年十月十五日），分别从驻地出发，向大同进发。清军中午到达，但不敢直入大同城，而驻于城东八里的古城村；公团下午在南门外则由大同军政府代都督李国华等迎入城内。[①]于是开始了持续四十多天的攻防战。

[①]忻代宁公团资料均见：赵承绶著《忻代宁公团的形成和结局》，《山西文史资料》第4辑。牛诚修藏稿《山西忻代宁公团北伐纪略》，《山西文史资料》第1辑。张树帜著《山西辛亥起义日记》，《山西文史资料》第19辑。

第六章 忻代宁公团的成立和大同起义

第二节 民军北取雁门关

太原起义后,清大同镇总兵王得胜拟扼雁门关,以防民军北上。在雁门关原驻大同巡防步兵第二旗管带张华亭部、代州驻马队第一旗管带王国士部的基础上,又令增援大同的武卫左军左路管带米振标率部驻守雁门关,并以米节制守关部队。米带中、左两哨驻广武镇,前、右、后三哨驻雁门关上。阳方口和胡峪口各有一哨防守。

山西军政府成立后,即以张瑜为北路军总司令,命令北上夺取代州及大同等地,并派参议李苑林与胡行北上安民。11月1日,阎锡山命令一等副官张培梅、四标标统张瑜,率第一营管带章成格部五百人,附炮队百余人,向代州进军;第二营管带王缵绪率部五百人,附炮队百余人,到龙泉关驻扎。

11月15日,参议李苑林和胡行,行至雁门关沟,被清兵所杀。北上军驻阳明堡,拟取代州。代州绅士刘雨田恐两军交战,地方受害,邀请张瑜进城与王国士谈判,和平解决代州问题,策动王国士反正。会谈在州衙门举行,

1907年沙畹摄雁门关

晋省风雷

出席会谈的有：代州知州郭拱辰（别名阮和荪），绅士刘雨田、冯子文、刘季平等，还有张瑜和王国士。与会者多数敦促王国士反正。王说：我为清廷做事多年，不愿落投降之名，民军进攻时，我可以自动退却。王国士于会后，命令中哨哨官高腾云带队守西门，左哨哨官任茂华带队守东门，右哨哨官甄占标带队守北门，贾午亭的民团数十人亦在北门防守，自己则带护兵十数名守南门。

这时，军政府参谋王家驹、李敏，四标第三营管带吴信芳，率部五百人，敢死军魏德新、王建基、杨沛霖、贾英等率部百余人，前来增援。

11月21日，张瑜与续西峰等议定，分三路进兵取大同：中路攻代州、雁门关，除章成格营外，由李敏、李香元率三营二百五十人增援；东路由忻代宁公团进驻繁峙，出胡峪口北上大同；西路由吴信芳率三营二百五十人，西出宁武，攻占阳方口，敢死队与西路联师北上。

11月27日（农历十月初七日），张瑜率部对代州城发起攻击。开炮轰击一阵后，民军由东北城角登城，王国士率部分守军逃往雁门关，部分投降民军。张瑜所部进驻代州。同日，西路军攻占宁武。28日，西路军进驻阳方口。同日，民军对雁门关发起攻击，未能取胜，排长孙凤诏及士兵七人牺牲。

民军下代州等地后，大同镇总兵王得胜急电新任山西巡抚张锡銮求援。其电文为：

> 张抚台鉴：代州、宁武于初七相继失陷，初八敌又夺据阳方、大水等口，雁门腹背受敌，万分危急。倘雁门有警，大同亦将难保。祈速督军队前来督剿。若能三日内赶到，尚可保此方地土，迟则全晋沦没，恐无下手处矣。总以迅速。迫切陈言，祈速电复。大同镇王得胜叩。蒸（十月初十日）。

王得胜想不到在他发出求援电的当晚，大同同盟会员也起义了，连他也不得不夹起尾巴逃跑。大同起义的消息传到雁门关，米振标、张华亭等见大势已去，恐雁门关守军腹背受敌，遂引军于12月1日自行北遁。

12月2日，军政府新委任的朔方兴讨使孔庚来到阳明堡，以后北伐部队

第六章 忻代宁公团的成立和大同起义

统归其节制。雁门关既无清兵,北路军遂继续北上,至怀仁一带为包围大同的清军所阻,后与北上的阎锡山会合,向包头进军。

杨沛霖、贾英、王建基等率领的敢死队向大同进军途中,于12月11日在怀仁县辛庄与秀女村之间,遭清军米振标部回马截击。敢死队寡不敌众,王建基与贾英同时殉难。①

---

① 张树帜:《山西辛亥起义日记》,《山西文史资料》第19辑。史天成:《辛亥代州清军撤守记》;刘云路:《辛亥雁门关之役》,均见《山西文史资料》第76、77辑合刊。《辛亥革命》(六),第199页。

晋省风雷

第三节　大同起义与军政府的成立

　　大同是山西雁北重镇，大同镇总兵当时是王得胜，下辖中路巡防步队四旗，马队五旗。步队第一旗驻大同，第二旗驻保德州，第三旗驻丰镇，第四旗驻右玉县之杀虎口；马队第一旗驻代州，第二旗驻归化城，第三旗驻包头，第四旗驻归绥北之可可以力更，第五旗驻缠金。行政机关有大同知府衙门和大同县衙门。

　　太原起义后，大同同盟会支部侦悉王得胜又向雁门关送枪，就派王芝等二十五人在山阴县岱岳镇夺得步枪八十支，后受到步三旗管带耿应周率队追击，十九人被惨杀。王得胜及大同知府李德炳、知县葛尚德等对革命活动更加严密防范，对大同同盟会支部所在地吕祖庙也派人暗中监视。为了安全起见，同盟会决定李德懋、刘冠三、寇煜等领导人暂时转移外地。但是留在大同坚持斗争的同盟会员仍在积极准备起义，由宋世杰、张占标等在清军中继续发动士兵参加起义，并向续西峰的族叔、永裕庆钱铺掌柜续满借钱买了马枪、

1907年沙畹摄大同城

第六章 忻代宁公团的成立和大同起义

1907年沙畹摄大同街道

步枪各一支，纸炮十万响。

1911年11月30日（农历十月初十日）下午，李国华、宋世杰、高保银、徐寿山、傅殿臣、常珍、孔宪林、孙占标、马根义、刘干臣等在西箭道傅殿举家中，研究起义计划，决定趁部分清军南调、城内比较空虚之机，立即行动。当晚十二时，宋世杰、李国华等按预定计划，在总兵衙门附近点响了铁炮（礼炮，约近一尺高，放在地上朝天放），其他同盟会在四处燃放纸炮二踢脚等响应，城内一时炮声四起。宋世杰、李国华随即赶到总兵衙门，夺得卫兵步枪三支，并将辕门打开；孙占标、傅殿邦、孔宪林等在总兵衙门内鸣枪响应，事先组织好的二十八名官兵乘势冲入衙门。总兵王得胜在睡梦中惊醒，带了一名随从，越墙而逃，藏至马营街古姓裁缝的猪圈中，喘息片刻，到柴市角雇了辆轿车，花钱买通守城军士，出城坐火车到宣化求援。大同知府李德炳、知县葛尚德逃跑不及，躲入耶稣教堂。驻守大同的巡防步队第一旗，经过说服，参加了起义队伍。大同遂由起义军控制。

12月1日，起义领导人、同盟会员、起义士兵以及绅商代表在察院开会。李国华在会上讲了革命意义和起义经过，即宣布成立军政府，并选出以下领导人：

晋省风雷

都　　　　督　李德懋（李国华代）
副　都　督　李国华　刘干臣
参　谋　长　常　珍
统　　　　领　虎贲将军宋世杰
帮　　　　统　傅殿邦　孔宪林
营务处督办　孙占标
虎贲马队队长　宋世杰（兼）
抚军炮队队长　董占魁
抚军卫队队长　赵维汉
财　政　长　彭继先
民　政　长　白　英

大同军政府成立后，立即整编队伍，恢复地方秩序，准备防御清军反攻，并向太原和忻代宁公团求援。①

大同起义并成立军政府后，清内阁于12月4日将王得胜"革职，听候查办"，委派记名总兵陈希义为大同镇总兵；并令杨荣泰率毅军五个营、姜桂题拨派五个营，前往大同，镇压革命。②其先头部队毅军郭殿邦部于12月5日（农历辛亥年十月十五日）进抵大同东郊，由于不明城内虚实，遂驻军于城东八里的古城村。

山西民军北路军总司令张瑜和忻代宁公团团长续西峰闻讯后，决定由续西峰率公团驰赴大同，支援起义军。公团于12月5日，也赶到大同郊外，在李国华等的欢迎下，由南门进入大同。

清军郭殿邦为了探听城内虚实，派侦探混入城内，拿出文书，叫商会派人出城迎接。总兵衙门文牍韩进阁闻讯，即向知府李德炳报信，又煽动步一旗官兵背叛革命，还偕同知县葛尚德召集城内绅士刘应昭、郝绳祖、武岐山等十三人于当日下午潜出城外，欢迎清军。郭喜不自胜，即派骑兵一队先行

①郑翰：《辛亥革命在大同》，《辛亥革命回忆录》第五册，文史资料出版社1963年第1版，第197页。大同市政协：《大同辛亥革命纪要》，《山西文史资料》第1辑。
②《辛亥革命》（六），第200-201页。

第六章　忻代宁公团的成立和大同起义

进城。大同清兵步一旗起义后守卫东门，其中多数人是被迫起义的，听说清军到来，在韩进阁的煽动下发生动摇，部分士兵出城打算投降清军。忻代宁公团得知后，立即派兵追回，向他们晓以大义，请他们回城共防清军。这些士兵正准备回城之际，发现清军骑兵由东而来，即开枪射击。四人落马，其余退回古城村。郭殿邦闻讯，喝令将十三个绅士捆绑，拟以"诈降"罪处死。经李德炳、葛尚德再三解释求情，才允许暂时扣押，听候处理。①

从此，大同城开始了双方的攻守战。

---

① 郑翰：《辛亥革命在大同》，《辛亥革命回忆录》第5册。

晋省风雷

第四节　大同的攻守战与和议

忻代宁公团进入大同后，续西峰、弓富魁与李国华、宋世杰等研究，用土筑封四门，并对守城部队重行部署：以镇远队队长张德枢守西城，以王靖国、李生达、宫宝衡、樊赓灿等副之；右翼游击队长贺炳煌守北城，以任涌、王客卿副之；武猛队队长张得胜守南城，以奋勇队队长韩志仁副之；左翼游击队队长史宗法守东城，以赵晋屏、赵承绶副之；统带弓富魁督率全军守城。①大同起义部队协助守御东南城、东北城、西南城。

12月6日，郭殿邦部清军首先开炮向城内轰击，步兵接近城门拟发起攻击，城上起义民军猛烈还击，清军即行退去，且离城较远，对大同仅形成包围态势。

北路军总司令张瑜得悉忻代宁公团被围大同后，即令第三营管带吴信芳率部于12月6日向怀仁进发，以救大同。杨沛霖、王建基、贾英等所率之敢死军亦随军出发。12月11日（农历十月二十一日），与清军围城部队战于秀女村。起义军败绩，王建基、贾英等阵亡。关于这次战斗，《山西忻代宁公团北伐纪略》所附《雁门怀仁战守纪略》是这样写的：

当我军之驻怀仁也，毅军亦驻于怀仁之秀女村。王建基、贾

赵玉廉

①张淑琳：《续西峰先生事略》，《辛亥革命回忆录》第5册。

第六章 忻代宁公团的成立和大同起义

英以不击退此兵，不能进援大同，即同三营前队出发，遇敌于辛庄，即相开仗。惟我军器械不齐，兼以新练之兵，不足抵久练之师，王建基、贾英见我军少却，即身先士卒，与敌激战，至两小时，王建基已身中数弹；贾英亦弹中头部，犹复挥军奋击，气不少衰。又一时，我军力不能支，乃至溃败。至半途，与我接应之兵相遇，复重整旗鼓，与敌再战。战不移时，敌又增兵，我军复溃。忽有马军数十骑，断我军去路。我军四面受敌，几有全军覆没之势。幸杨芳圃（沛霖）收合前锋兵，又从斜面接应，我军见援兵，亦复力战。敌见我军败而复进，亦不敢进击。我军且战且退，比至东关，敌又复来。时我军前队炮队之败回者，已将炮置于城上，连开数炮。敌知有备，乃退。当前锋之败也，王建基身中数弹，痛不能行，匍匐沟中，复有土匪知为革命军，乃害之。贾英于兵败时，头部亦中数弹，回顾乘马，已为护兵乘之而逃。另一护兵见之，即负之而行。行里许，贾谓护兵曰：生，敌兵且至，盍弃我前逃。护兵亦见后有敌兵，乃涕泣而别。贾英遂死。斯役也，我军阵亡者三四十人，故军则有二百余名之多。①

清军郭殿邦、陈希义对这次战斗的报告是：

二十日（12月10日）晚十二钟，侦探报告，由怀仁来匪步队八百余名，马队百余名，快炮四尊，声言抄我后路。邦、义议定，（二十一日）早四钟先派高统带带马队一营往新庄迎击敌军，义随后带本营及米、马两营继进，早七钟至秀女村，离大同四十余里，迎见敌兵，两军接战，至晚八钟，共击伤敌兵五十余名，击毙二十余名，故军胆寒，且战且败，退入怀仁县，城门闭住。②

---

① 牛诚修：《山西忻代宁公团北伐纪略》，《山西文史资料》第1辑。
② 《辛亥革命》（六），第202页。

晋省风雷

大同军民盼望的援兵未能进入城内,以后转赴保德随阎锡山进入包头。

忻代宁公团和大同同盟会员困守孤城,困难日多。粮台督办赵丕廉发行公债券,向富户捐得白银三万余两,情况稍为好转。在强敌压境下,日用物资日少一日,娘子关战败和都督北上的消息,又相继传来。为稳定士气和人心,续西峰等乃决定向阎锡山、杜上化、景梅九等发出告急书。其文为:

> 百川、子诚、梅九兄鉴:我军于十月十五日晚五点钟进入大同,此时毅军已至东门外二里许地占据,以迟疑之故,使我军得从容入城。虽曰人谋,亦天意也。十六日早,敌人即开大炮轰城,我军竭力固守,将四门用土垫实。嗣以敌炮误击洋楼,惹起交涉始各停战。敌人使用威吓手段,常常通信,言太原已破,都督已逃,谣言四播,人心恐慌;加以城门久闭,粮食尚有,煤炭甚乏,冻死者日有所闻,守城士兵亦无炭烤火,且铺户闭门,街市不通,所赖以周转者,惟军用手票。然我军势弱,人不凭信,皆有怨言,而奸细乘(趁)此窃发,每夜城内多有枪声出自民家院,亦甚难稽查。大同为晋北要地,京师咽喉,若一旦失守,虽将弟等枭首,亦影响大局不小也。兄若为同胞计,全局计,乞速饬张瑜、吴信芳、杨沛霖诸军前来救援,闻张、吴诸军已至怀仁,刻下怀仁至大同路上敌兵亦不甚多。惟我军所派侦探十余人一往不返,故刻下张、杨诸兄情形,弟不能知。至望视不救之原因,亦非小见所敢冒测,或另派杨篯甫、李梅森诸人带兵北上,以救孤危,不胜渴望。毅军所以敢违停战条约和调大兵入我境界者,以平土匪借口耳。兄可直与满政府交涉矣。责其违约之罪,告明革命之师,使彼无所借口,看彼如何答复。且此处已于九月初十日(注:应为十月初十日)即起义,组织军政府,办事无人,毫无头绪,故一切措置均不满人意。我军对之只好笼络。刻下同城人心已失去大半,若援兵迟到数日,则弟等无死所,大局亦不堪设想也。弟等非畏敌不敢出城一战,诚以我军枪械无多,奸细时出,幸而胜犹可,不幸而败,则坠地难以收拾。为此死守以待援军。陈希义、郭殿邦、郭全声、王得胜亦在敌营。我军统司令长

第六章 忻代宁公团的成立和大同起义

续、弓二人，兵约千人，又有降兵巡防队五、六百人，归宋世杰、傅孔洪带领，疑不自安，恐终有变，内忧外患，四面麇集。乞兄怜此一方百姓，大发慈悲，以救倒悬之危，勿存观望之心，则大局幸甚，弟等幸甚。情急言短，星夜差人以闻。

续桐溪（西峰）、史宗法、弓富魁、赵承绶告急书

同时，续西峰又致书郭殿邦，对他反对革命的行为严加谴责。书中引曹植"煮豆燃豆萁，豆在釜中泣，本是同根生，相煎何太急"的诗句以启发，又以"扬州十日，嘉定屠城，阁下等祖先亦在其内，岂竟忘耶"以讽喻。此书在清军官兵中不胫而走，使其战斗情绪受到很大影响。

不久，清淮军杨荣泰部六个营也进抵大同郊外。这时，清军在兵员、士兵素质、武器装备等方面，更超过守城民军，但他们围而不攻，每天早晨向城内打几颗炮弹，也并不爆炸。

大同军政府财政长后来回忆说："清军围城四十天，每日拂晓时，总要虚张声势地向城里打炮数十发，但挂线准确，其炮弹均落在城墙外壕或城内的菜畦中，不特没有伤害过城墙上的一个战士和附近的一间民房，而且落下的炮弹，都是横躺地面没有爆炸过一颗。……敌军步兵由阳高至大同城东那么样的多，只在隔河东岸坚取守势，待命不动，概没有越河进攻。……假如敌方真取攻势，我军非被歼灭不可。"[①]

原来，南北议和正在进行。袁世凯在谈判中的手法是：以倡言君主立宪向同盟会讨价还价，以同盟会要求共和，逼清帝退位，以实现他个人的野心。这一点连清皇室的一些人也觉察出来了。在"御前会议"上，有人便对隆裕太后说："革命党，无非是些年少无知之人，本不足惧，臣最忧者，是乱臣（指袁世凯）借革命党帮力，恫吓朝廷。"[②]大同扼清廷之背，对清皇室的威胁尤大，所以袁世凯令清军采取围而不攻的方针，保留大同，用以吓唬小皇帝母子。忻代宁公团和大同起义军民，所以能在大同坚守四十多天，这是主要

[①] 彭继先：《辛亥大同的守御与和议》，《山西文史资料》第4辑。
[②] 溥伟：《让国御前会议日记》，《辛亥革命》（八），第114页。

晋省风雷

原因。

后来南北议和有所进展，袁世凯得到同盟会领导人选他为总统的保证，遂授意山西署理巡抚李盛铎和毅军统领郭殿邦在大同实现议和。1912年1月12日（辛亥十一月二十四日），李派的招抚委员、前山西省咨议局副议长杜上化以及张淑琳、李绍芳、宋汝梅、赵书麟，阳曲县知事光裕（满族）等相继来到大同，忻代宁公团派邢维周为代表，并以西耶稣堂牧师瑞典人耿而深出席作证。①经谈判，达成如下协议：

一、忻代宁公团与官、革退兵信约

（一）钦奉十一月初九日上谕："君主立宪、共和二者以何为宜，自应召集临时国会付之公决，妥商彼此罢兵，以奠群生而弭大难。"本信约据此为根本上的解决。

（二）本公团在大同因该城革军政府函请赞助保卫而来，现官军既与该城革军政府另给（洽）信约已（以）担负保卫责任，本公团自应引退。唯此次官军罢兵，系遵初九日上谕办理，则本公团既承认退兵，官军亦当引退。至两军所退地址，应照军政府信约第二条办理。退兵日期由两方面定准实行。

（三）公团退兵沿途所过州县地方，均由大同镇守移文保护，支给车马米面柴炭等。

（四）公团到大同后一切杂费，由该财政科暨庶务科供给项内，均由该城军政府会同镇守担任。自十月十五日入城预算，至十二月初五日五十日内，办事人员均系义务，但兵丁口粮尔时仍照军政府例，每名每月九两，应补发饷银，由大同发给。

（五）本公团退兵时，大同镇守应将移驻大同并退回理由，行知忻代宁各地方官查照办理。

（六）本公团退兵后，大同长官报告应准以信约为词，不得妄加

---

①牛诚修：《山西忻代宁公团北伐纪略》，《山西文史资料》第1辑。

"驱逐"、"退走"等字样。

二、大同军政分府商定信约

（一）团军能退，本城军队多系土著，退无可退，应筹变通办法，或归民团，或入巡防，妥为安置。至军队官长如归巡防，应由官方公举，保送军门，量才委用。

（二）官革两军既各遵上谕一体罢兵，所有大同全境驻扎客军皆当引退。官军先撤怀仁驻扎各队，其余各处驻兵，商明姜（桂题）军门，一律陆续撤退。团军应退至雁门一带。

（三）凡南北军前后一切饷项费用，均以票纸周行，现尚虚悬无着，军政分府撤后应如何设法维持，免致商民受累，应照议事会所议第三条办理。

（四）凡本军政府旧日官长及兵役，并各机关执事人员，均不得事后追究，无辜加害。

（五）口外各厅事变，纷传不一，请由军门查清革党、土匪，分别办理，以昭平允。①

从以上两个文件来看，都是忻代宁公团和大同军政府应该遵守的事项，不见清军应遵守之信约，说明收集到的文件是不完全的。就从这两个文件来看，明确规定"官军亦当引退"、"所有大同全境驻扎客军皆当引退"，但是事实上忻代宁公团南下回乡了，军政府解散了，大同起义军"或归巡防，或归民团"，也等于解散了，而进驻大同的却是杨荣泰的淮军，这说明大同起义事实上失败了。

1912年1月17日（辛亥十一月二十九日），根据约定，大同付给忻代宁

---

① 《忻代宁公团、大同革命军政府与清军和谈时商定的信约》，《大同文史资料》第1辑。

晋省风雷

公团开拔费白银一万三千两,①忻代宁公团和大同起义军撤出大同。忻代宁公团南下雁门关以南,大同起义军由宋世杰率领暂驻口泉。淮军由东门、北门进入城内。轰轰烈烈的大同起义就此结束了。

①此为彭继先文数字,赵承绶文为四万两。

第六章　忻代宁公团的成立和大同起义

第五节　清军暴行和宋世杰二次光复大同

大同议和后，郭殿邦被调走。陈希义的毅军和杨荣泰的淮军争相入城。陈希义在王得胜逃走后，虽为大同镇总兵，但未履行总兵职责，而他的兵力又不如杨荣泰的淮军大，因而淮军占了上风。陈希义的总兵职务也被杨荣泰夺去，只得率毅军撤出大同，回驻古城村。

杨荣泰独霸大同后，纵兵"大索三日"，实际上并非三日，几乎是家家被抢，户户受害，损失约值白银十万两。绅士们在淮军入城之初，张贴文告，对淮军歌功颂德，称其为"仁义之师"，及至发现淮军奸淫掳掠无所不为时，亦不敢向杨荣泰反映，只得向陈希义求援。陈也装聋作哑，不予理睬。淮军的罪行连署理山西巡抚李盛铎也无法掩盖，他后来致电袁世凯："杨镇所部淮军，自正月初六至十一，连日抢劫，加以焚烧，公私损失甚巨。"

杨荣泰自知罪行严重，但又企图逃避罪责，于是援用官场惯用手法，谎称土匪"勾结军队所为"。2月24日，他致电李盛铎："阴历二月廿三日晚，大同突有土匪多人，勾结军队，在于城内哄闹，将铺面焚抢数处，镇署淮饷，府库巡饷，一并被抢。"

大同人民在求告无门的情况下，遂派代表到口泉向宋世杰求救。

宋世杰应人民之请，于1912年2月25日（农历正月初八日）乘淮军不备，率起义军攻入城内，占领西半城，与退往东半城的淮军相对峙。宋为了加强实力，就协助市民组织起"民团"和"商团"两支群众武装，划分为东南、西南、东北、西北四个公团，由宋世杰统一指挥，进行战斗准备。

杨荣泰闻风丧胆，连忙托病辞职，请求陈希义到任并兼领淮军。2月26日，李盛铎在致姜桂题的电中说："顷据署大同杨镇荣泰电称：'忽得中风，病势沉重，请催正任陈镇希义，迅速到任，并兼统淮军亲军，以一事权，而

晋省风雷

免贻误'等语,祈即知照陈镇,速赴大同本任,是重地方是荷。"①

2月27日(农历正月初十日)夜,宋世杰发动全城男女老少,一齐爬上房顶,准备进行战斗。一声号炮响起后,全城顿时喊起"打死淮军"的口号,此伏彼起,声震寰宇。做贼心虚的淮军,在统领杨荣泰已经装病辞职的情况下,不敢向人民挥舞屠刀,只得夹着尾巴,夺门而出;不料房上砖头瓦块、瓷盆便壶一起飞将下来,淮军只得抱头鼠窜。加上起义军的东冲西杀,把淮军打得马仰人翻,狼狈不堪。杨荣泰和知府李德炳以及新任县知事李光济,也杂在乱军之中,出城逃命。起义军把他们一直赶过御河以东,才停了下来。

陈希义二次来到大同,绅士们又出城迎接。袁世凯后任陈为第二旅旅长,宋世杰部被编为一个营。后来阎锡山任命孔庚为大同镇守使,张树帜为镇守使属下的骑兵团团长,宋营又编入张团。1914年5月,张借口将宋世杰杀害。辛亥大同起义的英雄人物,竟落得这样一个结果,令人心寒。

①郑翰:《辛亥革命在大同》,《辛亥革命回忆录》第5册。

第七章　晋南的光复

第一节　平阳府不战而克
第二节　民军隘口失利，
　　　　清兵复据平阳
第三节　秦陇复汉军光复运城
第四节　河东军政分府的
　　　　成立与北伐平阳

第七章　晋南的光复

第一节　平阳府不战而克

晋南重镇平阳府（今临汾市），在清末是太原镇总兵衙门所在地。太原镇总兵谢有功，广西人，军功出身，兼前路巡防统领并第一旗管带，下辖马步七旗，分驻各地。地方官有平阳府知府和临汾县知县。

武昌、陕西相继起义后，谢有功奉山西巡抚陆锺琦之命，通知马步七旗集中临汾候命，他本人则带步一旗中哨官兵，前往风陵渡一带视察黄河防务，以防陕西革命军东渡黄河。当时谣言四起，一日数惊。知府耆昌早将家属送往北京，衙门人役逃走一空。耆昌一人坐在大堂上，持枪一支，把酒一壶，边喝酒边自言自语：我是宗室，冲着我的黄带子，也不能投降革命军。知县武树善见此情形，隐匿无踪。行政机关处于瘫痪状态，集中到临汾的巡防队已不听长官约束，有变相抢掠行为。

太原起义后，军政府即派参议董桂萼到临汾招抚，争取和平解决。当地同盟会员侯少白和积极分子张志良已在发动巡防队官兵，密谋起义。

董桂萼到临汾与侯少白相见后，即同去见耆昌。耆昌说："我想回京，我的眷属已于前月走了，冲着我的黄带子，也不能投降。叫我走，我立即交代。此间既无官又无兵，只有临汾县（指知县）一人，巡警三十名。谢统领在永济黄河口，陈帮统在河东（运城）接洽饷项，你要接事我立即交代。昨天听说巡防南路各县的步队三二日内可集中平阳，但我尤愿先走。"董说："我受命招抚河东各地，明天要赶赴河东，此间之事，我即电告军政府派员接收。"议妥之后，董回寓所五合店，奉令集中的巡防马队尹冠业旗已与五合店商定，说明天军队准到。董桂萼感到不便，即转赴河东。四五天后，马步七旗即陆续集中临汾。

同盟会员侯少白与张志良动员步兵管带李嘉有、骑兵管带尹冠业归附革命，得到两人同意，骑兵哨官陈子标尤为热心。不料正在部署起义之时，前路巡防帮统陈政诗由河东筹饷回到临汾。他派人在乡间将知县武树善找回，

晋省风雷

集合七旗管带，声称他已受命统带前路巡防七旗，要求加紧训练，保境安民；又宣布招募新兵七旗。临汾气氛立即大变。不到一个月，陈即招募新兵二千人，加上原有七旗，共约四千余人，有枪六成以上，大有进取太原之势。

山西军政府成立后，即以三标标统刘汉卿为南路军司令，南下河东。嗣因省城兵力单薄，又据董桂萼报告，平阳知府愿交政权，遂未发兵。至此，不得不催军南下。

刘汉卿的第三标，名为一个标，实际只有一个营，约五百余人。领导阵容是：标统兼南路军司令刘汉卿，督队官郝富珍，左队队官张荣庆，右队队官陈栋臣，前队队官杨临洙，后队队官王泽山，李大魁、姚守质、杨淑怀、许志显等为参谋，王家骏为副参谋兼领炮队，有小钢炮四门。1911年11月19日（农历辛亥年九月二十九日），由太原出发。

侯少白

南征民军人数不多，行动迟缓。路过平遥时，该县知县见其军容不整，即秘密致函临汾知县武树善："来兵不满五百，形同乞丐。我县无兵，不能阻止。临汾大兵所在，又有韩侯岭险要可守，派兵一击，势必瓦解。"武树善得讯后，一面告知陈政诗，派兵把守韩侯岭，一面派侯少白和临汾绅士张世五、范若卿等前往介休，劝阻山西民军勿再南下。

陈政诗得悉民军即将南来，即派骑兵尹冠业旗驻守韩侯岭，其陈子标部驻守水头镇，步兵李嘉有旗驻守仁义镇、郭家沟等地，并亲驻霍州坐镇指挥。尹、李都是早经侯少白、张志良动员准备起义的军官，侯少白路经他们的驻地，即说服他们为民军让路。所以南下民军未遇抵抗，于11月29日顺利通过晋南北门韩侯岭，于12月2日进抵霍州。

陈政诗闻韩侯岭不守，知所部不听指挥，十分惊慌。临、洪、赵、霍绅士侯少白、张维藩（疑其别号为世五）、范晋绥（疑其别号为若卿）、柴大中、任鸿钧等，劝陈政诗与民军议和，以免人民受害。陈佯许之。阎锡山接电后，

第七章 晋南的光复

即委陈为平阳府知府,陈惶恐不敢受,匆匆返回临汾。到临汾后,又见官兵多不听指挥,休息片刻,即逃往绛州。

霍州知州一开始愿为民军服务,但到任后,私结清廷官吏,迫害革命同志。民军到霍后,将其驱逐出境。民军12月3日光复洪洞。

1907年沙畹摄韩侯岭

此时临汾城内外驻有新旧巡防队,番号有九旗之多,但缺乏统领。知府耆昌于农历十月初由陈政诗经东阳关送往北京。城内只剩临汾县知县武树善一人,坐守衙门,内心惶惶,不知所措。张志良在城内认为这是大好时机,一日四函,催促随军前进的侯少白,请民军立即率队前进。12月5日晚,南路军后队队官王泽山抵达临汾。巡防各旗静驻营房,未发一枪。侯少白、张志良等进城布置妥当后,请民军进城暂驻平阳女子学堂(时因太原起义放假)内,天明后再移。武树善前来拜见队官,并送"三滴水"酒席十桌,犒赏官兵。两日内,南路军全部进驻临汾,刘汉卿及其司令部驻贡院。刘委刘拱璧暂时署理平阳府知府,处理民政及催粮征款与供应军需等事;洪洞会党领袖牛如虎为平阳府镇台,招募民兵,建立地方武装;张连升负责布置城防;南路军参谋王家骏、许志显为正副统领,负责改编巡防各旗。

巡防各旗改编前,侯少白即与李嘉有、尹冠业等管带相商,他们同情革命,愿意接受改编,北上到省,唯一条件是不愿南下,与老长官谢有功、陈政诗作战。民军接受了这些条件,任命范宝卿为步队第一营管带,李嘉有为步队第二营管带,童宝山为炮队管带,尹冠业为马队管带。大部官兵归附革命,新招士兵离队回乡者很多。

各项工作初步安排后,刘汉卿以奉命到河东筹饷为词,不能半途停留,即挥师南下。侯少白提出,谢有功年老子幼,急欲回籍,如将其妻子请出优

晋省风雷

待，以之作为交换条件，南路军事可迎刃而解，建议刘汉卿将此事作妥善处理后，再行南下。刘以临汾军事政治已由王家骏、许志显、刘拱璧、牛如虎、张连升等分工负责，无须再事参与；优待谢有功眷属事，着由刘拱璧、李大魁负责处理。不意刘、李二人心粗气浮，不明事理，即派兵十人到总兵衙门将门卫更换，并未过问谢有功妻、子。总兵衙门地方甚大，门户又多，谢的妻子惊恐异常，夜间携十岁幼子逃出衙门，不知下落。从而失去和平解决南路军事问题的一个大好机会。

刘汉卿在临汾将南路军军官作了调整，以杨临洙为前锋司令，李大魁、叶复元（滋初）为参谋，秦振江为炮队前锋官。在临汾仅住六天，即于12月12日率部南下。行前，王泽山向刘转达乔育英的建议：平阳深沟高垒，可坚守御敌，应留兵驻守，既可防意外事变，又能为前军后援。刘不听，又一次失去防止被改编的巡防队叛变的机会。①

---

① 侯少白：《辛亥革命山西起义纪事》，《山西文史资料》第1辑。赵擎寰藏稿《河东革命记》，《山西文史资料》第2辑。

第二节 民军隘口失利，清兵复据平阳

当刘汉卿率军南下之时，谢有功正在风陵渡一带徘徊观望，河东兵备盐法道余棨也犹豫不决。陈政诗由霍州经平阳逃到绛州后，又到运城向谢有功等汇报平阳情况，他们邀请解州知州吴润晨一起计议如何应付时局之策。余棨认为，河东为殷富之区，兵精饷足，以之抗拒革命军，绰绰有余，如幸而奏捷，则率劲旅追击，势如破竹，恢复太原易如反掌；否则，率军固守，以逸待劳，俟民军稍懈，然后出奇兵以击之，或可一战而胜；万一天不祚清，大势已去，然后开城迎降，亦未为晚。与会者咸以为是。谢有功与余棨乃达成协议：余派盐捕营官兵二百名，护送谢回平阳，并送谢现款三万元犒赏前路巡防官兵，并指明下级军官每人五十元，士兵每人十元，以振士气；河东有事，谢则须派兵相助。谢带了这支人马，连同他来时所带的前路巡防步兵第一旗中哨官兵，遂向临汾进发。

南下民军于12月13日（农历辛亥年十月二十三日）进抵侯马，探报谢有功率巡防队已到闻喜。侯马与闻喜之间有一高地，名为隘口。两军相争，先据隘口者扼南北交通，胜利在望；仰攻者，虽付沉重代价，能否夺得，亦难预卜。民军抵侯马，王泽山命谢得元率百余人向隘口进攻，突遇巡防士兵，双方射击，巡防队不支而逃。民军追二十里，士马皆疲，不欲夜战，遂罢兵。乔育英又向王泽山建议，速据隘口，然后直下闻喜，河东可不战而降。此议又未被南路军领导采纳，隘口遂为谢有功所据。

12月14日，刘汉卿发现谢有功率兵据守隘口，只得率部强攻。他命令张荣庆守侯马，以防敌人袭击；命令王泽山从山脚之侧攻击上山，杨临洙出大道之右，陈栋臣出大道之左，秦振江带炮两门为先锋，蒋凤山带炮一门为后援，秦振江、郝富珍相机运用，掩护进攻。战斗开始后，王泽山率部先从山脚攻击上山，接着左队、右队也相继而上。巡防队居高临下，枪弹如雨。秦振江带炮参战，不料滑机失灵，不能发射。蒋凤山带炮赶来，连发数炮，巡

防队开始后退。民军进至尉迟庙前,不料中敌之埋伏,阵形大乱,且有伤亡。杨临洙惊慌失措,不服从刘汉卿令其向前攻击的命令,怕死逃跑。王泽山孤军支持,而蒋凤山、薛金标所带钢炮均被敌围。秦振江率部五十余人冒死将钢炮夺回,而蒋凤山、薛金标则被巡防队所杀。最后终因寡不敌众,民军陷于失败。南路军司令刘汉卿、前队排长苏金石、前队司务长丁士选、左队司书刘宇卿被俘后,均被谢有功杀害。在战斗中阵亡的班长和士兵有:尚德林、李正芳、曾恒安、许作新、象建中、乔振海、王占魁、谷立岗、邢建中、杨成林、张清赏、刘文堂、周占奎、贾玉、王清山、马喜酒等二十余人。此外,还有伤号数十人。

民军退回侯马,士气低落,将近瓦解。郝富珍、王泽山、谢得元、董心诚等收容安抚,劝解鼓舞,经过整顿,始再成军,公推李大魁为临时管带。次日,部分官兵拟死战复仇,但敌强我弱,敌守我攻,料难取胜,为保存革命力量,遂决定转进平阳。

当隘口激战之时,王家骏、许志显率所编巡防队,北开太原,行至洪洞,传来民军在娘子关战败,阎锡山、温寿泉分别率部北上南下的消息,又听到南路军在隘口失利的消息,管带李嘉有即欲率部叛变,副官徐庆祥,排长刘玉琪、李继荣等劝阻无效,遂各自为计。李嘉有、尹冠业等三个营,有的开赴河东,有的开赴附近州县。王家骏、许志显二人追之不及。

当改编的巡防队北上之时,在临汾城内的左聘卿和张成林即密告平阳知府刘拱璧说:隘口战败,刘汉卿阵亡,敌人如乘势追袭,将兵临城下,若有汉奸内应,平阳将极危险,不可不严密防范。刘拱璧麻痹大意,竟说:你们无须忧虑,我自有妙计。结果由此而引起平阳的失陷。

当时正在洪洞的被改编的童宝山炮队,闻太原之变和隘口之败,即率部返回临汾。临汾知县武树善与警务长韩瑾,亦恨革命于己不利,遂为内应,开东门将童宝山部放入城内。童宝山部"将张连升部守门兵士杀死,又赶到北、西、南各门,将守门兵士俘囚。此时,刘拱璧、牛如虎、张连升三人在临汾兵力不过二百余人,兵皆新募,枪枝(支)极不齐全。又兼牛如虎在赵城募兵未归,张连升为知府刘拱璧派赴临汾城西各村收枪索款。刘拱璧闻童宝山叛变、带兵由洪洞开来占据各城门后,他也未通知各同事,而且竟将他

第七章 晋南的光复

约来参加革命的临汾贡生张成林撂在知府衙门内,独自一人于夜间出城而逃。张连升日暮时带枪款回至西门,尚不知城内有变,正欲叫门,适逢童宝山在西门城楼上侦察张连升是否归来,见其人马均到城下,突开城门向张袭击。张抵抗到汾河岸,为童所获,带进城来在知府衙门前的海子边杀死。旋又将张成林由知府衙门搜出,交前临汾县知县武树善斩首。刘、牛二人在洪洞、赵城一带募来的新兵,到临者共百余人。刘不辞而逃,统率无人。这些在临汾之新兵,伫立街头,饮食无着,居住无地,徘徊街头。不意童逆带兵蜂拥而至,将百余新兵捆拉到海子边一律杀死。又占据临汾城池,静待谢有功回军"。①

民军由隘口退回,进抵尧庙附近,遭到平阳城上土炮的轰击。李大魁知平阳已失,即绕道退驻洪洞曲亭镇。后闻太原南下民军已抵洪洞县,遂前往会师。

谢有功在隘口之战后,亦率部北上。到达史村(今襄汾县城)后,将盐捕营士兵遣返,只率巡防队第一旗中哨官兵回到平阳,并将刘汉卿首级悬挂鼓楼示威。平阳又成为反革命的天下。

---

① 侯少白:《辛亥革命山西起义纪事》;赵擎寰藏稿《河东革命记》。分载于《山西文史资料》第1、2辑。

第三节　秦陇复汉军光复运城

以运城为中心的河东道,盛产棉麦,又有食盐宝藏,所以在当时是山西最富庶的地区。清政府在这里的最高官员是河东兵备盐法道,管理河东道三十六州县及运城盐政,下辖一个有五百人的盐捕营,是保卫盐池和维持地方治安的,还有一个监掣府,是具体监督潞盐生产、销售与征税的机关。当时的兵备盐法道余槃和监掣府陆叙钊(一作娄,字盘之),是两个十分反动的人物。陆叙钊原是猗氏县知事,镇压哥老会不遗余力,创造了"一种极残酷的刑法,就是弄一间房子,里边放着大火炉,烘得热烫烫的,又是三伏炎热天气,把拿住的百姓放进屋内,仿佛烧烤的光景,叫做蒸笼"。他还杀了好多人,其中有一个是颇有才气的史姓秀才。[①]余槃既反动而又十分狡猾,善于观察形势,看风使舵,八方讨好。

河东一带革命力量雄厚,知名的同盟会员王用宾、景耀月、景梅九等都是河东人。辛亥年间,在当地进行革命活动的有王平政、王士选、阎玉清(景梅九之妻)、尚德等人。当年因病未能参加广州起义的王建基、李正清,也经香港回到河东。在河东一带声望较高的同盟会员、省咨议局议员张士秀,因"交文惨案"被诬入狱,在家乡临晋县监狱扣押。王平政、王建基等一面进行革命宣传,一面营救张士秀出狱。

武昌起义后,西安、太原相继响应。同盟会员要求释放张士秀的活动更为积极。余槃迫于形势,态度也开始缓和,乃接受重贿将张士秀释放出狱。张出狱后,认为河东起义的条件尚不成熟,特别是没有掌握武装力量,遂赴陕求援。

太原起义后,余槃惶恐不安,乃召集当地同盟会员王建基、王平政、王士选等开会,研究应付时局办法。余说:我们现在以维持地方治安为主要宗旨。

---

① 景梅九:《罪案》,第46页。

第七章 晋南的光复

我对北京的军事政治是阳奉阴违,对民军的军事政治是阴奉阳违,愿同大家合作共事。会议商定以河东学界的名义编练辅安军一营,蒲州六县可组织民团,维持地方治安。

辅安军由王建基、张聚五任教练,王平政、李正清经管军械及后勤事务。辅安军在招募编练中,监掣府知府陆盘之横加阻挠,但仍勉强成军,驻河东中学堂。①

阎锡山当选山西军政府都督后,为了加强领导,即派忻州李成林秘密赴京,邀请山西籍同盟会员回晋襄助革命。安邑的景梅九和临晋的姚守质(字太素)先期动身,到石家庄后适遇第六镇奉命进军山西,而吴禄贞尚未到达,石家庄到太原的车已不通,他们遂绕道平山、盂县回到娘子关。猗氏的王用宾、刘绵训,安邑的邵修文、刘文渊,平陆的张端,虞乡的尚德,荣河的陈渐贤,临晋的姚秉钧,万泉的李振汉等迟行二日,到石家庄适逢吴禄贞被刺,三镇兵正开入石家庄,秩序混乱,列车不能行,乃绕道河南,回到河东。

王用宾等回到河东后,即在运城召集各县士绅,组织"河东绅商议事公所",河东同志及会党人员,纷纷集合,声势日大。在这种情况下,王在运城师范学堂,邀请余棨会商应付时局办法,以了解余棨态度的变化,并采取相应的措施。出席会议的有学堂监督许鉴观,职员万象、李楷,以及解州张作霖,永济秦汝梅,汾城董桂华,安邑惠有孚、宋万青等人。王用宾发言,以河东为山西属区,太原既已起义,河东不应负固,阻碍统一,敦促余响应起义。这时清兵已入据娘子关,张锡銮已受命为山西巡抚,阎锡山、温寿泉已离太原而北上南下,所以余棨的态度,已与上次会议大不相同,只答应各县可办民团,以维持地方治安,至于起义须回署考虑,听候答复。次晨送来一函并附诗稿《晨思》,除"晋南多才,共和之象已成"等恭维话外,对于事实,语多模棱,且隐约含有不同情太原起义之意。②

其实,这正是余棨的狡猾之处。对革命同志,他不断然拒绝;对在河东巡

---

① 李正清:《光复运城前后》,《山西文史资料》第1辑。赵擎寰藏稿《河东革命记》,《山西文史资料》第3辑。

② 尚德:《辛亥革命河东光复纪实》,《山西文史资料》第1辑。王用宾:《记山西在辛亥革命前后的几件事》,《辛亥革命回忆录》第5册,第117页。

晋省风雷

视的太原镇总兵谢有功则派兵护送回临汾,并送犒赏金三万元;对清政府,则建议派兵镇压太原民军。他在1911年12月9日致清内阁的电中说:

> 不以兵迫,抚亦难成,晋机不可再失,务飞催张抚由石家庄或潞安府之东阳关,或代州之雁门关速进,一面娘子关三面进攻,定内溃。晋南近陕,日来奇逼,东北若仍停待,则秦晋皆不可为矣!甘兵已到长安,甚锐。匪驻潼关,宜增重兵由洛至陕州前进。署河东道余棨叩。①

王用宾等摸清余棨的底细后,认为余棨手中握有盐捕营五百人,汉阳造小口径新式快枪五百支,太原镇总兵谢有功兵权在手,前路巡防帮统陈政诗带队到处巡逻,革命同志手无寸铁,实无法与之对抗。这时得悉温寿泉率部分民军撤出太原后,已进抵河津,遂决定由王用宾到河津敦促民军速下河东,由尚德等加强民团力量,相机行事。

张士秀赴陕求援,于1911年11月16日渡河,18日抵蒲城,会见井岳秀,20日抵三原,会见井勿幕。井氏弟兄热情接待,对光复河东,均表义不容辞,但新募兵丁,未经训练,出师为之过早,待编练成军后,必践前约,率之光复河东。12月2日,又抵西安,经陕西省原咨议局副议长郭希仁与王锡侯的介绍,会见了陕西都督张凤翙。士秀请陕军出兵下河东,都督有难色。张乃为其剖析利害:"晋师只一协,东守娘子关,北出雁门关,已应接不暇,恐仓卒(促)无力取河东。今谢(有功)、陈(政诗)作梗,断我两省联络道,又得余棨以河东盐课及三十六州县财赋接济之,其势倍厚。现招练士卒,希图南据黄河,北据霍岭,为清廷西面保障。若不早为之计,必为秦晋两省患!且全秦之力,仅防一潼关尚可支持,若谢、余辈不除,则沿河数百里,处处须设防,孰若先下河东,转出师茅津,更可断清军归路,以为潼关声援。故此举非独为晋,亦为秦也。果得志于河东,则南出硖石,取道洛阳以断京汉铁路;东出靰阳关,收河内三府,以窥幽燕;其影响于各省,良非浅鲜。"

---

① 《辛亥革命》(六),第201页。

第七章　晋南的光复

张凤翙为之所动，即令某军官带马步二营东渡。同乡郭月如知某军官及其部下，纪律极坏，乃告张托辞止其行。①

张士秀见陕军出兵暂难实现，遂于12月7日东渡黄河，回到蒲州。适王用宾亦到蒲，遂与蒲州知府赖庆荣（华峰），以及尚德、韩拱北、张福堂等，商讨组织蒲州民团（一说蒲解两属民团）。当时议定：以张士秀为总团长，以贡院为民团总局，共练八团，每团三百六十人，由赖庆荣解决粮款等问题。民团以保护地方为名，实为革命武装。会后即招募兵员，以景豹卿、丁立人、范庆等为团长，秦和卿、胡足刚（子毅）、李道正、乔鸣凤等分长庶务、军械、文牍、编练等科，张福堂为卫队长，在乡军人吴英俊、郝广义、蒋松林、杜德元、赵德元等为队官。朝夕训练，军容尚称整齐。陈政诗巡防蒲州，曾至贡院质问张士秀练兵何意，知府赖庆荣以保护地方相答，幸未出事。但民团先锋李秀在由家乡猗氏回蒲途中，却被陈政诗杀害。②

这时，在娘子关败耗之后，又传来潼关和隘口民军失利的消息。谢有功和余棨更加肆无忌惮，到处张贴布告，搜捕革命党。所幸潼关失而复得，张士秀遂决计二次赴陕求援，王用宾赴河津邀晋军南下，为两路夹攻之计。由于潼关战事，陕西民军将领张伯英、陈树藩、井岳秀、井勿幕等均在潼关附近，井勿幕与景梅九早在1909年就约定他日革命，如需秦军帮助，并必率偏师下河东。张士秀在潼关对张伯英有所帮助，亦约定互相支援。目前正是践约之时，所以张士秀二次求援，他们便商定由陈树藩（字伯生）率秦陇复汉军井岳秀、井勿幕等部下河东。并达成如下协议：

（一）秦晋起义期于民国成立，须同盟结好，始终不渝，以收首尾相应之效。

（二）河东官吏未表同情，须致函河东同志劝令谢、余等切勿误认宗旨。如执迷不悟，恐一旦兵临城下，民遭涂炭，贻祸非浅。视其能否醒悟，再定行止。

---

① 赵擎寰藏稿《河东革命记》，《山西文史资料》第2辑。
② 赵擎寰藏稿《河东革命记》，《山西文史资料》第3辑。

（三）两省兵士，有事则相助，无事则相安，各守疆界，毋得意存侵略，骚扰闾阎。

（四）晋省须于蒲州设驿站与潼接连，以便消息灵通。

（五）盐炭各商，行运西河，须一体保护。

（六）河东官吏于剿土匪时，应但论匪不匪，莫问会不会（注：哥老会），以免滥杀无辜。

（七）须修复潼于秦晋两省交通之邮电。

（八）河东官吏对于山西民军有不表同情者，秦军得代晋军声讨。

（九）秦军因攻守之必要，得假道河东。

（十）遇有晋省军队必须经过秦地，或秦军队必须经晋地时，须预先声明理由。①

听说陕西民军即将东渡，余粲惶恐异常，急电清内阁、军咨府与盐政院求救，要求太原派兵南下，河南派军北上，以为应援。电文为：

勘电敬悉。二十六日，侯马革党分队绕小道，欲抄官军后，进袭运城。经谢镇伏兵擒杀五十余人。二十七日，吴闰辰亦领兵至，同克复侯马。匪徒北窜。传闻太原克复，无大兵南下准信。运城兵单。现克复侯马，距运城二百里，节节布置，前敌既寡，后路又虚。土匪勾结纷起。外援绝，运城岌，倘六日不能与太原通气，恐内变矣。职道苦撑两月余，一旦糜烂，实无以对钧处。敢乞电饬河南，迅拨二三营前来，作为后应。仍电太原张抚台分兵一直南下。一发千钧，迫切待命。署河东道余粲叩。东。

但是，太原和河南都自顾不暇，哪里有兵救助运城呢？清内阁、陆军部把

---

① 赵擎寰藏稿《河东革命记》，《山西文史资料》第2辑。

余棻的电报转给河南巡抚齐耀琳，着齐考虑出兵。齐复电说："豫省兵力自顾边防兼济赵军后路，尚且不及，断无兵队可以越剿。"①

1911年12月27日（农历辛亥年十一月初八日），秦陇复汉军在陈树藩、井岳秀、井勿幕、严飞龙的率领下，东渡黄河到达蒲州，受到同盟会员胡足刚、尚德的欢迎和接待。陈等询及攻运方略，尚说："运城形势惟北城最矮，且与姚暹渠距离最近处不过五十公尺，南堰极高，渠身宽阔，乃天然交通壕及射击掩体。我军进至该渠三里桥时，敌人火力若强，即须分兵一部由渠内急进，一部分由陆路冲锋，城下会合。砖城剥蚀，不需云梯即可攀登。需要时，西北城角农田中瓜庵终年不拆，可以利用。城一攻开，其中同志虽少，而学界中积极者尚多，分头部署，布置亦易。"②议毕，即挥师向运城前进。

余棻闻警，于12月28日两次发出求救的哀鸣。他在致清内阁和军咨府的电报中说：

> 陕匪已过蒲州，直扑运城，运万万急，火速在救。署道余棻叩禀。初九四更。

接着又发出一电：

> 晋窜匪数千，甫拦在河津，然离运不过百余里。陕匪巨股过蒲河，直捣运城，路尤近。运亡定在旦夕矣！乞饬陕州马周诸军飞援。署河东道余棻叩禀。③

12月31日（辛亥十一月十二日），秦陇复汉军进抵赵村，宿关帝庙及其附近，一部宿营龙居村。当晚，企图垂死挣扎的余棻派吴闰辰率盐捕营进行夜袭。秦陇复汉军被枪声惊醒，急起应战；龙居村官兵闻声支援，从侧翼加入战斗，击毙其指挥官。盐捕营败退，秦陇复汉军尾追至城下。严飞龙指挥

---

① 《辛亥革命》（六），第205页。
② 尚德：《辛亥革命河东光复纪实》，《山西文史资料》第1辑。
③ 《辛亥革命》（六），第207页。

晋省风雷

军士据姚暹渠掩护，亲率一部登城驱散守城士兵，开北门迎全军进城，运城遂告光复。时为1912年1月1日。①

秦陇复汉军入城后，余棻和大小官员，还有盐捕营官兵，均四散逃逸。只有监掣府知府陆叙钊一人，身穿袍褂，头戴顶帽，稳坐监掣府大堂，要为清廷尽忠。秦军冲入大堂，陆大喊"你们反了……"，话犹未落，枪声四起，陆中数弹倒毙堂上。

由河津南来的山西民军于1912年1月2日（辛亥十一月十四日），进抵运城郊外，闻运城已告光复，遂驻军北相镇。

运城光复的第二天，陈树藩以秦陇复汉军河东招讨使的名义出布告安民，并将库存白银十八万两，交地方人士芮城张东生经管。在讨论组织地方政府问题时，陈树藩宣称：我等客军，不能管理地方事务，应由当地人士组织机构，维持地方。当即成立河东军政府，选出：

河东民兵总司令：张士秀
民　　政　　长：王用宾

推定之后，即由张士秀组织司令部，管理地方军务，并以蒲州民团维持治安；由李鸣凤讨伐残余的清巡防队；由王用宾组织民政署，管理河东民政事宜。民政署的下属机构及成员为：

秘　　书　　长：王平政
军　务　处　长：李文楷
盐　政　处　长：许鉴观

---

① 据《河东革命记》，尚德：《辛亥革命河东光复纪实》，李正清：《光复运城前后》。其中秦陇复汉军军官姓名，《河东革命记》有严飞龙、严子清，尚文为严庄，李文有阎小泉。龙居村指挥官，《河东革命记》为严子清，尚文为阎飞龙，此数人之名，均应为严飞龙，严字子清，又名小泉、孝全。关于光复运城的日期，尚文为初九日，李文为初十日，本文取《河东革命记》的十三日。

第七章 晋南的光复

财 政 司 长：陈渐贤
司 法 司 长：张 端
交 通 司 长：尚 德
总 务 司 长：孙克信
高 等 审 判 厅 长：邵修文
运城地方审判厅长：薛笃弼
兴 银 银 行 总 理：严慎修
运 城 警 察 局 长：曹得源
盐 池 东 场 场 官：李复佐
盐 池 中 场 场 官：关炳祥
盐 池 西 场 场 官：张荐卿
河 东 日 报 社 社 长：薛笃弼

不久，秦陇复汉军因陕甘总督升允率军由甘侵陕，陈树藩即率部班师回秦。秦军在运城纪律严明，鸡犬不惊，军政绅商各界欢送出境。后甘军围攻咸阳，秦请晋援，温寿泉即选拔精锐混成团一部，躬亲督师到达永济。渡河之际，升允闻风引军退，温遂班师。①这是秦晋人民在辛亥革命时期写下的又一友好篇章。

---

①尚德：《辛亥革命河东光复纪实》，《山西文史资料》第1辑。

晋省风雷

第四节　河东军政分府的成立与北伐平阳

南京临时政府对山西革命极为关心，亟欲了解阎锡山北上后山西革命的进展情况，特派王北方（一说伯芳）来运城视察，并召集各军政负责人员开会，讨论革命发展前途。大家认为，阎锡山既已出走，副都督温寿泉尚在河东，为了统一指挥，使各部工作得以密切配合，应即组织河东军政分府，以一事权。当即一致通过，以尚德为秘书长，台寿民为参谋长，王连元为军务科长。军队编为两旅，正式军官出身的为一旅，后因长官不敷，只成立两营；地方民团与会党人员组成一旅，由李鸣凤任旅长，吴汇之、景蔚文分任团长；两个独立团，由韩升泉、陈绍先分任团长；又派张煌、陈彩彰分任北路和东路招抚委员，收编散兵游勇。政权方面公推张士秀为河东民政长，总理民政并监理盐政事宜；以张起凤为晋南镇守使。①

此后，河东各县除谢、陈等盘踞少数据点外，大部分州县或为民军征服，或归附革命，均在军政分府统辖之下。各县知事多由民政长遴选同盟会员接替；军政分府民政部还宣布豁免旧欠钱粮，释放在押罪犯，取消县衙门三班（早班、壮班、快班）、六房（吏户礼工刑兵），废除跪拜礼节，并把县官坐轿出衙由穿黑衣戴红帽的衙役拿着"肃静"、"回避"牌鸣锣开道的恶习去掉，革除衙门内的绍兴刑名师爷。②官民接近，面貌一新。

这时，谢有功盘踞平阳，陈政诗盘踞绛州（今新绛县）。绛州为河东名城，交通方便，手工业和商业十分繁荣。太原镇前路巡防帮统陈政诗由平阳窜踞绛州后，架炮于城，严密防范，并不时带队到附近州、县进行巡逻，杀

---

①军政分府的成立和组织引自《山西文史资料》第1辑侯少白与尚德二人的回忆。军政分府人员据《河东革命记》所述，张士秀为总司令，王用宾为民政长，李鸣凤为讨伐司令官；而王用宾在《记山西辛亥革命前后的几件事》，却说张士秀长民政，李鸣凤长军政，他被解除军民两政，不久赴省任省议会副议长。仅录此以供参考。

②薛笃弼：《太原起义和河东光复的片断回忆》，《山西文史资料》第4辑。

第七章　晋南的光复

害革命同志。运城光复前，陈在猗氏县牛杜镇巡逻，路遇同盟会员李秀。李因言语失检，即被陈捆绑吊打。李忍无可忍，高呼：我乃革命党人，将去欢迎东渡秦军，要杀尽你们这伙汉贼！陈即将李杀害于牛杜镇南门外。①山西军政府军令部长常樾于11月初到石家庄与段祺瑞交涉后，因三镇兵进据井陉，后绕道经东阳关回到侯马，被陈政诗巡防队所执，不屈而死。②因此，陈据绛州实为民军心腹之患，军政分府同志均欲坚决铲除之。李鸣凤遂与众决定，命吴养渭攻隘口、侯马，为北伐平阳作准备，命杨树槐、梁俊玉、韩升泉等攻绛州，消除心腹之患并为同志报仇。

1912年1月7日（辛亥十一月十九日），驻兵阳王镇的李部指挥官杨树槐偕同梁俊玉率部渡过汾河，潜伏于距城五里之三林镇附近。初更后，梁俊玉单骑绕城一周，进行侦察，黎明前趁守城清兵疲惫之际，率士兵百余人由城西北之缺口登上城头，排枪射击，杀声震天，巡防队惊慌奔窜，死伤颇多。民军进抵贡院街，陈政诗率百余人从隆盛店内冲出，与民军进行巷战。梁俊玉登房指挥，巡防队不支，纷纷逃散。陈政诗被民军捕获，立即就地正法。李鸣凤收抚巡防队散兵八百余人，编为一标二营，毛瑟枪三百余支，子弹二十三箱，火药十余篓，白银九千余两。③不到一天，战斗结束，受到人民群众热烈欢迎。

绛州既克，军政分府乃议取平阳。当时谢有功盘踞临汾，余棨亦藏匿东关旅店。余请前路巡防李帮统密派骑兵十名护送他出东阳关，每兵赏给二十元路费，因恨谢不践前约，未在运城兵临城下之时出兵援助，遂将谢侵吞他给巡防队官兵赏金三万元的秘密告诉护送人，此话不久即传遍巡防队，引起官兵愤恨。谢有功知孤城难守，急思他去，遂召集他带来的两广籍官兵八十余人，编为一个卫士队准备回乡。当他装好七辆大车行至鼓楼时，即被全军包围，要谢将三万元赏金留下，谢不舍财，又返回衙门。④

河东军政分府知谢、余在临，认为北伐前有必要劝告士农工商各安本业

---

① 尚德：《辛亥革命河东光复纪实》，《山西文史资料》第1辑。
② 赵擎寰藏稿《河东革命记·传记——常樾》，《山西文史资料》第2辑。
③ 赵擎寰藏稿《河东革命记》，《山西文史资料》第2辑。
④ 侯少白：《辛亥革命山西起义纪事》，《山西文史资料》第1辑。

晋省风雷

并协助军政府缉捕谢、余,敦促谢、余投诚,乃发布《晋军政分府民政部布告各县文》。其文曰:

> 为公布事:照得本军起义,纯为改革政治,发扬民权起见。迩来满清政府,度德畏罪,与我各省义师停战议和,业经宣布条约,双方遵守在前。乃南镇谢有功、署河东道余棨、前路巡防队统领陈政诗等,竟敢于停战期内,迫令巡防队及盐捕运安各营,在河东一带,戕害士绅,屠洗乡民,抢劫财物,奸掳妇女,反复无常,乱道败德,迹其所为,惨无人理,较土匪为尤甚。本军政府不忍坐视,爰派大军南下,救民伐罪。适我秦陇军政府亦顾念大局,遣军东渡,约同夹攻,以期速除逆贼,为民请命。义旗所指,人心效顺,箪食壶浆,接踵欢迎。逆贼余棨等尚不思众怒难犯,复敢蛊惑丑类,袭我秦军。我秦军奋勇追击,不崇朝而克复河东。现在大局底(已)定,闾阎安堵,余棨畏罪潜匿,正在搜捕,谢有功等望风鼠窜,士卒离心。我大军星夜追躅,所向无前,绛州、曲沃连报全捷,平阳也指日克复,三晋大局,指顾间可定。自此以往,父老子弟,咸庆重生,士农工商,各安本业,官吏之虐民者惩之,匪徒之扰民者诛之。至巡防队及盐捕运安各营,向为谢、余等贼所迫与义军抗拒,以致伤亡流离,本军政府良用悯恻,如果束手投诚,定当咸与维新,倘能擒斩谢、余等贼来献,尤当力加重赏。为此布告官绅民,咸使闻知。切切,此布。①

1912年1月9日(辛亥十一月二十一日),李鸣凤率部进取平阳。10日,吴养渭与郝席宾率部进抵史村,巡防队童宝山部闻风逃往平阳。12日,民军抵平阳,以国民军攻南门,以陆军二营攻东关。东关由谢有功新成立之卫士队及降而复叛的童宝山部守御,经过激烈争夺,民军阵亡督队官陈明甫以下五十余人,未将东关攻占。13日,李鸣凤、韩升泉等均至尧庙。17日,由吴

---

① 赵擎寰藏稿《河东革命记》,《山西文史资料》第3辑。

第七章 晋南的光复

养渭率许多章、丁千永、郝席宾等部攻东门,由韩升泉、锺仁义、陈绍先、卫钟俊等率部攻南门,由靳殿华率部攻西门。李鸣凤亲自率队攻东关。伤亡数十人,亦未能克。25日,童宝山率部出东门袭击尧庙民军驻地,民军奋起应战,团长韩升泉阵亡。两军遂进入相持状态。

平阳被民军围攻,谢有功屡电清山西巡抚张锡銮求援。入据太原的清第三镇卢永祥于1月23日(辛亥十二月初五日)率部南下,李鸣凤闻讯,急派吴养渭率管带谢得元、王进魁、丁千永、许多章等部迎战。27日(辛亥十二月初九日),两军相遇于老张湾,激战四小时,民军伤亡二十余人,退归平阳城外。卢部经赵城、洪洞,于2月3日进入平阳,与谢有功部会合。

时温寿泉到平阳前线劳军,鉴于三镇兵来,平阳急切难下,遂决定暂退太平、侯马、隘口等处,养精蓄锐,相机再战。

此时,南北议和接近结束。绛州天主教牧师出面调解,民军招抚员张之仲与卢永祥议和,2月4日达成协议。其主要条款为:

(一)平阳为三镇兵之势力范围;
(二)蒲解为民军之势力范围;
(三)绛州为中立地,南北均不许侵扰;
(四)自辛亥十二月十九日起,停战三星期;
(五)由民国放官之地方,仍由民军征收钱粮。①

2月12日,清帝退位,共和告成,战局终结。4月,阎锡山回到太原。河东军政分府于1912年夏宣告结束。

---

① 赵擎寰藏稿《河东革命记》,《山西文史资料》第2辑。

第八章 归绥道两次起义与山西民军在包、萨

Guisuidaoliangciqiyiyushanximinjunzaibaosa

第一节 太原起义后的归绥道

第二节 包头部分清兵起义与
樊恩庆的残酷镇压

第三节 丰镇起义的失败

第四节 民军进克包头和萨拉齐

第五节 民军转进托克托，
阎锡山南归受阻

第八章 归绥道两次起义与山西民军在包、萨

第一节 太原起义后的归绥道

今内蒙古自治区中部和西部地区，在清末叫做归绥道，是山西省的四道之一。清廷在这里的最高官员是绥远将军，军政权力很大，除统率归绥道的后路巡防八旗（俗称口外八旗或外八旗）外，还可以调遣宣化、大同两镇所属官兵，并节制沿边道厅。当时的绥远将军名叫堃岫，是一位年逾七旬的满族老人，比较安分守己。其次是镇守归化城（今呼和浩特市）的副都统是满族人麟寿，据说是闽浙总督松寿的胞弟，有轻微的精神病，人称"麟疯子"。第三位是归绥兵备道咸麟，据说是被徐锡麟刺死的安徽巡抚恩铭的儿子，是个怯懦的少爷。他的职务是监察各厅（相当于今旗、县），兼管税务、学务并指挥巡防队。归绥道的常驻部队为山西的后路巡防（前路巡防归太原镇指挥，中路巡防归大同镇指挥），统领为周维藩。周为安徽合肥人，清翰林院编修，后赴日考察军政，曾结识一些同盟会员，回国后，任归绥后路巡防统领，辖步兵五旗（每旗三百人），骑兵三旗（每旗一百五十人），分驻于东至兴和、西至五原、北至内蒙古边境、南至托克托的广大地区，在统领衙门附近，驻兵不过一旗。巡防各旗枪支陈旧，多为毛瑟枪。

另外，在绥远城（新城）驻有满洲陆军第一营，在归化城（旧城）驻有土默特旗陆军第二营和骑兵营，都是新军，装备新式快枪。步兵营每营五百二十五人，骑兵营二百七十人。此外，还有三百名土默特旗守卫队。这些部队相当守旧。

太原起义后，将军、副都统、道台均慌作一团。咸麟头戴白毡帽，身穿灰布半截袍，腰系布带，活像一个小贩，夜里不敢睡觉，天明才敢和衣假寐。麟寿把住宅门上加锁，除家属外，不接见任何人。他们不去衙门，不问公事，下属遇事均向将军请示。[1] 堃岫接到大同镇总兵向他报告山西民军攻击雁门关

---

[1] 荣祥：《略谈辛亥革命前后的家乡旧事》，见内蒙古自治区政协文史委员会编：《内蒙古辛亥革命史料》，1979年版。另见《辛亥革命回忆录》第5册。

的电报后,感到束手无策,只得致电清内阁求援:"查归化各厅土匪纷动,本处兵单不敷分顾。敬祈急速设法,保重要关(注:指雁门关),以顾关北全局。"[①]其惶恐可见一斑。

---

① 《辛亥革命》(六),第183页。

第二节　包头部分清兵起义与樊恩庆的残酷镇压

太原起义后，归绥道各地的同盟会员也在准备响应。1911年11月下旬（辛亥十月上旬），在北京学习的同盟会员杨瑞鹏（字云阶）有感于绥包地区未曾响应，遂决定赴包头发动起义。路经归绥时，他想到外八旗巡防统领周维藩，曾赴日本考察，接近过新事物，当不至反对革命，遂致周一函，劝他革命。书中说：

> 我公身统八旗重兵，缚堃岫如拾芥，取新城如探囊，据归化以号塞上，漠南万里，悉归掌握。此千载之机，时不可失。望公振臂一挥，扫除腥秽，光我山河。①

周非同盟会员，对起义犹豫不决，但他部下的一些人，却跃跃欲试。由于没有周密的准备和计划，周见新城城门已闭，城头列炮对准他的大堂，遂带统领衙门少数官兵，逃往后山，转赴兴和等地。②而他的部下曹富章和张林等带的一哨人，却于1911年11月12日（辛亥十月十九日）夜在归化城起事，随即烧了羊王庙。后来新城满兵和土默特旗蒙古兵出来镇压，起义军转往后山，在可可以力更（今武川县）抢了几家当铺和粮店，辗转来到包头附近的黄草洼一带。这批人马总共不过二百人，这时才打出起义旗号，七个小头目都自称"都督"。

包头在清末是萨拉齐厅的一个城镇，商贾云集，经济繁荣，约有四五万人口。萨拉齐厅派驻包头的不过是一个巡检带领的二十多名士兵，另有巡防队三五百人。包头镇行政事务由"大行"（相同于民国时的商会）和"园行"

---

① 杨云阶：《辛亥绥包革命史实纪述》，《近代史资料》1955年第2期。
② 方仲纯：《辛亥塞北革命纪略》，《近代史资料》1957年第5期。

晋省风雷

（相同于民国时的农会）组成"包镇公行"来处理，没有上级设立的政府机构。城市交通和卫生，全靠"梁山"（鼓房乞丐的江湖组织，受公行雇用执行巡警业务，祖师庙在死人沟，设有班房等）上的人清扫维持。同时，五原和东胜两厅的厅官同知却住在包头，遥领河套和伊盟军政，一般不过问当地的政治。但是武昌起义后，情形不同了。经绅商和驻军的推举与将军和道台的委派，五原厅同知樊恩庆却出来代替萨拉齐厅派驻包头的巡检刘智魁，临时维持动荡的局面。这就为樊后来镇压革命创造了条件。

早在辛亥起义前，同盟会员王建屏、李德懋等已在包头的上层人士和下层群众中发展了一批同盟会员，革命宣传有一定的影响。武昌、太原相继起义后，王建屏和李德懋不在包头，蒙古族同盟会员云亨、经权正在萨拉齐，杨瑞鹏到包头进行发动之后，即转赴大佘太，于是发动起义的重担就落在当地同盟会员郭鸿霖、王鸿文、王肯堂、李士元、李士修、王定圻等人的肩上。

曹富章、张林等在包头附近的黄草洼宣布起义之后，郭鸿霖等急于起事，便派人与他们联系；并与李茂林、李士元、王肯堂等以学董或咨议局议员的绅士身份，联袂拜会樊恩庆，建议他响应革命；还活动驻包头的管带王紫绶和谢若霖，请他们允许曹富章的起义军进入包头，企图通过和平协商的办法，宣布包头独立。老奸巨猾的樊恩庆早已胸有成竹，佯称赞成共和，一面张罗"欢迎"，叫"包镇公行"给都督们布置"行辕"，一面和东西两个营盘的管带王紫绶、谢若霖商议，设下陷阱，准备对同盟会员和起义官兵下毒手。革命方面的郭鸿霖和王肯堂都出生于清军官家庭，一个人称郭四少，一个人称王二少，连同其他人在内，都是只有革命热情，而无政治斗争经验，所以一起落入樊恩庆设下的圈套之内。这就是后来的"马号事件"。

曹富章和张林的起义官兵，每人斜背着一条白布，于1911年12月22日（辛亥十一月初三日，一说初四日），在郭鸿霖和"包镇公行"代表的迎接下，经太平桥由东门开进包头。樊恩庆把他们分散安置在东街庆生店、前街义盛店和富三元巷三元合店，用好酒好肉款待；还亲自到"行辕"对都督们进行慰问，表示自己赞成共和，同曹富章等人谈得很投机。第二天，由"包镇公行"等机关团体和当地新旧绅士联名发出请帖，定于23日（初五日）晚在

第八章　归绥道两次起义与山西民军在包、萨

"包镇公行"马号的大厅里举行宴会，酒后议事，并叫乡老王益卿和郭鸿霖早一点前去担任招待。曹富章和张林等七个都督，连一名护兵也没有带，于掌灯以后单骑赴宴，大模大样地走进马号大厅。他们和郭鸿霖边吸烟边喝茶，边闲谈了约一个钟头。到七八点的时候，有一个仆役（杨楞子乔装的）上来禀道："樊大老爷下了轿了！"王益卿说："快往上端吧！"原来这是预先约定的暗号。话音一落，外边的伏兵都拥了进来，看见穿军装的就开枪射击，七个都督当下全被击毙。李士元、李茂林和王肯堂乘乱逃出，郭鸿霖当场被捕。马号的枪声一响，东街、前街和富三元巷也打成一片。东街和前街的起义官兵，很快就被东西营盘的兵给解决了。驻在富三元巷的一直抵抗到天明，经"包镇公行"请求，樊恩庆才叫让出一个豁口，由西脑包退出城外。当天共被杀害四十余人。

同盟会员认识了樊恩庆的真面目，决定坚决除掉他，但两次行刺都未成功。樊恩庆发觉后，即将被捕的郭鸿霖、王鸿文杀害，并把人头挂在牛桥街示众；同时从五原厅的监牢中提出二十多个待决囚犯，一律拉到南河槽枭首，造成极大的恐怖气氛。在这次残酷的镇压之后，绥远将军堃岫据萨拉齐厅同知呼延庚的报告致电袁世凯：

> 缘自晋省起事，有包镇学堂堂长郭鸿霖、董事王鸿文招集匪类，勾结变兵，散布传单，声言革军不日到包。各界人心惶恐无措，危迫万状。五（原）、东（胜）两厅暨马步两营官见势不可遏，劝（权）作顺从，诱使郭鸿霖于初三日将逆首张玲、曹福章及从匪等迎入，以稳贼心。于初五日经五原厅樊恢庆、东胜厅谢锡庆、管带王官瀛、谢树棠、李得功、巡检周雍照设计筵请逆首张、曹等七人相会，伏兵擒斩。一面围攻从匪，斩获甚多。余匪逃散后山。将祸首郭鸿霖、王鸿文先后擒拿正法。

他还要求对出力官弁及伤亡官兵分别奖恤。

阎锡山率山西北上民军到达包头前夕，樊恩庆闻风逃往归绥，堃岫马上任命他为归化厅同知。阎锡山光复萨拉齐后，樊恩庆听说阎从监狱放出大

晋省风雷

"白花"（光棍）胖挠子张万顺，并把囚犯编为敢死队的消息后，就在归化城清监，把五十七名犯人不问青红皂白地都杀死在后沙滩，只留下一个因打死人而系狱的河套大地主王同春。①

包头起义就这样被残酷地镇压下去了。

---

① 巴靖远等：《辛亥包萨革命经过》，内蒙古自治区政协文史委员会编：《内蒙古辛亥革命史料》，1979年版。又见《辛亥革命回忆录》第5册。中国史学会主编：《辛亥革命》（六）第102页。电报中人名与本文叙述中所用人名有出入，因所据资料不同，现保持原貌，请知者对照研究。

第八章　归绥道两次起义与山西民军在包、萨

第三节　丰镇起义的失败

丰镇在清末是归绥道的口外十二厅之一，有两个重要官员，一个是同知章同，一个是典史聂志贤。章同湖南人，因其兄为邮传部侍郎，便仗势欺人，胡作非为。他上任后，即大兴土木，巧立税捐名目，剥削人民；又任意捉拿他不看顺眼的失业贫民、赌徒以及反对他的士绅，名之曰"捉鬼"；还设计了一种叫做"好汉床"的特殊刑具，专门折磨被捕之人。因此群众对他恨之入骨。聂志贤山西人，短小精悍，人称"小聂子"。他的护兵马进禄，陕西人，骁勇好斗。典史属下有三十名马警，配备毛瑟枪，由哨官王玉玺率领；六十名步警，配备毛瑟枪，由警务长杜维林率领；章同另有四十名亲兵队，配备快枪，由队长田子功率领。此外，还有驻丰镇的巡防马队一百五十人。

在丰镇进行革命活动的同盟会员有弓富魁、李德懋、王虎臣等人，他们团结了"小状元"张占魁和"独立队"的"英雄好汉"，在下层群众中有广泛影响。由于王虎臣曾动员章同响应革命，因此章同知道当地有同盟会员在活动。太原起义后，驻丰镇的巡防马队被调走，章同考虑到丰镇将会有事，便临时招募警察二百余人，用二人抬的抬枪武装起来，由王玉玺、马进禄各领一百名进行训练，以增强防卫力量。

大同起义后，丰镇的革命群众都在跃跃欲试。首先发难的是赵喜泰和郑作霖。赵是丰镇城郊永月湾人，农民出身，当过绿营兵。郑是丰镇城内富家子弟，宦门出身。他们于1911年12月上旬（农历辛亥年十月中旬），集合一部分人，在陶林警务长李昭明的内应配合下，打进陶林城，杀死巡检王化源，通判[①]齐世荣逃跑。起义部队在城里住了几天，由于正红旗蒙古队的反扑，旋即撤出。聚集力量之后，起义军又进攻宁远（凉城），未遇抵抗，即告光复。

[①]归绥道的十二厅，有的厅的行政长官为同知，叫同知厅；有的行政长官为通判，叫通判厅。陶林厅为通判厅。

晋省风雷

二十八岁少爷出身的宁远通判洪铨，闻风而逃。起义军进城之后，受到"总约"（相当于商会）的热烈欢迎，住在南街庆福粮店。第三天，镶蓝、镶红旗蒙古队又来犯，起义军主动撤出城外。因为赵部多为徒手步兵，很快被蒙古队击溃。赵喜泰只身投奔"小状元"。

大同起义之初，毅军陈希义部将起义官兵和忻代宁公团围在城内，弓富魁捎书给王虎臣，请他在丰镇发动起义，协助解大同之围。王接到通知后，调集"独立队"的各路"英雄"，在隆盛庄北三十里的孤山村集合，组成革命军，公推"小状元"张占魁为首领，准备进攻丰镇。1911年12月10日，革命军四百余人来到隆盛庄，区官邓绍禹供给粮食、服装、马匹等军用品，当天，进抵距丰镇城三十里的永善庄。

章同闻报后，立即召开紧急会议，商讨对策。会上议论纷纷：主和者主张派人出城接洽，只要革命军不进城，城内就供给军饷、服装、粮秣等，将来随全国大局的解决而解决；主战者认为革命军是土匪，没有和他们讲和的必要，只能迎头痛击；主守者主张不出击也不求和，把所有军队布置在城周，等革命军到来时予以还击，必要时进入城内守城。当时主和者居多数，章同亦顺应之，一面派傅锦祥出城联系，一面致函大同清军求援（被书启师爷郭福昌扣留，未发出）。12月11日，傅锦祥出城北上，向革命军提出讲和条件。王虎臣说："求和很好，但不知你们是真心求和，还是稳军之计，你不能回去。"于是将傅捆绑起来，押在车上随军前进。

傅锦祥出城之后，"小聂子"、马进禄等主战派坚决要战，章同又随着改变了主意。于是急忙布置军队，以"小聂子"为总指挥，马进禄率一百五十名抬枪队正面御敌，"小聂子"率三十名马警为右翼，汪荣九率一哨人马为左翼，并指挥两哨抄后路；城内由王玉玺率六十名抬枪队守北城，杜维林率六十名警察守东、西、南城，田子功率亲兵队守衙门。12月12日，清军出发，但士兵都不愿打仗，有的甚至在饮泣，而送行的家属都泣不成声，有的甚至要求出钱赎回其子。其狼狈状况，被旁观者视为"不祥之兆"。

革命军在永善庄饱餐后，向南前进，两军相遇于距城十余里的阮家窑子村。王虎臣对傅锦祥说："既是讲和，为何出击？分明是稳军之计。"傅不知所措，无言以对，被"小状元"一枪击毙。革命军首先抢占东山顶上的吉庆梁村,丰镇城的警兵占领西山脚下的阮家窑子,中间隔一条河。战斗开始后,右翼三十名马警由"小聂子"指挥,从南面侧击革命军;左翼是汪荣九的三个哨,从北面攻击兼抄后路;正面是马进禄的抬枪队。革命军的阵地是半圆形,居高临下,占有地利。两军接触不到一小时,汪荣九部即有伤亡,绕革命军阵地北面向东撤退。"小聂子"以为是抄后路,殊不知一去不回。下午三时左右,抬枪队伤亡二十余人,弃枪而逃。王虎臣看到敌阵脚动摇,绕敌北面向西抄袭。"小聂子"命令自己带的三十名马警殿后,有秩序地撤退,首先逃回城内。此战抬枪队死二十四人,伤十余人。马警负伤者七八人。革命军方面伤亡六七人。因突下大雪,对面不见人,革命军遂停止战斗,宿于距城三里的丹州营村。

章同召开紧急会议布置守城。次日,城内与革命军有联系的贾根福飞马出城,向革命军报告:大同援军未到,城内空虚。王虎臣据报,令少数人在东、北、南三面佯攻,集中主力从西面突破。丰镇城原无城墙,西面有十几个口子,全能通行。守西面的是马警,昨日已成惊弓之鸟,当革命军逼近城内时,即扔掉枪支,脱掉军衣,四散逃逸。革命军进城后,分三路会攻衙门,章同溜到辘辘把巷田寡妇院内藏在一口棺材里。四十名亲兵弃枪而逃。革命军打开监狱,放出六十多名囚犯,让他们参加了革命军。但未搜获章同等主要官员,只捕杀了化装出城搬兵的马进禄。入城后,革命军向商会借用饷银三万五千两。

章同在夜间写了一封信,让院内一个钉鞋匠,化装成乞丐混出城去,到大同求救。陈希义见信,即派兵一营于12月17日向丰镇开进,走在前面的是王国士为管带的马队。革命军闻讯,考虑到寡不敌众,主动分三路由丰镇撤出。向南转移的一路由王虎臣率领,行至得胜口,不意与王国士的马队遭遇,革命军被击溃,王虎臣被俘惨遭杀害。12月18日(农历辛亥年十月二十八日),王国士率队进入丰镇,与章同勾结,首先杀死朱尧、贾根福、刘振文等与革命军有联系的人。朱妻愿殉夫死,亦被王国士斩首。连给革命军喂马的几个人也被诬为"通敌",一并屠杀。郭福昌因扣发军报,亦被斩首。七日之内,共杀害三十三人。

丰镇起义就这样被残酷地镇压下去了。

晋省风雷

民国元年初,阎锡山回到忻州。丰镇革命军被调往忻州整编,"小状元"张占魁被委为马队营长,武万义被委为丰镇厅警务长。后来,丰镇由厅改县,章同向新任的范知事办了交代。革命军借商会的饷粮三万五千两发给公债票,抵交上解款,并死难的朱尧等十数人发给抚恤金三年。[①]王虎臣的遗骸被运往太原,备棺装殓后,运回家乡河北赵县王家郭村,安葬于廉颇将军墓旁。

---

① 崔毓珍等:《辛亥丰镇起义纪实》,见《内蒙古辛亥革命史料》,又见《辛亥革命回忆录》第5册。

第四节　民军进克包头和萨拉齐

包头起义被镇压后，王定圻逃出，中途遇见杨瑞鹏，听说太原已为清军所据，即拟赴陕投奔革命军。二人行至河曲古城镇，无意中遇到了阎锡山率领的山西北上民军。杨、王得悉山西民军即将挺进包头时，向阎建议：应该暂缓赴包。归绥空虚，我乘其无备，直扑城垣，一鼓可下；归绥下，各地则无足为虑。阎不听，仍决定向包头前进。1912年1月12日（农历辛亥年十一月二十四日），山西民军在行进途中，又遇到从包头逃出的同盟会员王肯堂。在他们的引导下，当夜渡过黄河。

樊恩庆等人听说山西民军突然出现在包头附近，大惊失色。彼此埋怨，不该计杀革命党人。当下抵抗没有力量，求援又来不及，来得及也无济于事，只好三十六计，走为上策。于是文官携眷，武官率队，仓皇向东逃去。

1月13日，山西民军先派骑兵进城搜索，看见营盘和衙门都空无一人，阎锡山才率大队人马进入包头城内，共约一千余人。阎的行营设在官盐店，他以"秦晋蜀北伐先遣军大都督"的名义出布告安民，改包头为包东州，委任同盟会员杨瑞鹏之父、大佘太的巡检杨守性（字亦林）为包东州民政官。萨拉齐的蒙古族同盟会员，水涧沟门的云亨、麦达召的经权、善岱镇的安祥，代表咨议局（经权为咨议员）欢迎山西民军东进。阎锡山委任云亨为绥远将军，经权为归化城都统，安祥为归绥兵备道。①

绥远将军堃岫闻报，立即致电清内阁，请求派兵支援：

> 兹于二十五（日）四更，据萨厅同知呼延庚并绥远探兵飞报："二十三（日）四更时，包镇失守。据悉系前被溃兵胁去查无下落之后路巡防统领候补知府周维藩，勾结击散革党为乱，专与归绥反对，

---

① 巴靖远等：《包萨革命经过》，《辛亥革命回忆录》第5册。

晋省风雷

势甚汹涌"等语。包镇为各厅西北门户,该镇既失,归绥危险至极。兵单匪众,力实难支。两城生命悬在旦夕。惟有仰恳天恩,迅饬就近拨派重兵,速复包镇,援救归绥,以保边外全局,神京屏障。不胜迫切待命之至。①

包东州民政官杨守性曾任天镇县知事,八国联军侵占北京后,慈禧和光绪出走路经天镇县时,以供应不周被撤职。后入绥远为西盟垦务委员,嗣又降格为大佘太巡检。他对地方行政事务非常熟悉,旬日之间就把练警、筹饷、治安、保民等项工作安排就绪。于是,进行东征的各项准备工作。李德懋打开五原厅的监狱,把放出来的罪犯和死人沟"梁山"上的精壮流浪汉补充了队伍;命令全城的铸铁炉和熟食行,日夜加工铸造弹丸、烤烙干粮;向"包镇公行"要了马车驮骡,把弹丸和干粮装到柳条篓子里,伪装火药子弹;又向"包镇公行"借了发商生息的办学基金白银八千两,并将几万石官盐留给恒兴长经营,作为借款的担保。

垦岫求援不得,又得山西民军即将东进的消息,遂急调谭永发的巡防队和满洲第一营的官兵,赶到萨拉齐防堵。谭永发是副将衔两江补用游击,曾任后路巡防统带,因故革职。武昌、太原起义后,后路巡防部分官兵起义,残部无人统领,垦岫于是奏准起用。谭永发自然要报知遇之恩,受命之后,即率部于1912年1月18日(辛亥十一月三十日)开赴萨拉齐。

1912年1月20日(辛亥十二月初二日),山西民军进攻萨拉齐。但是,不管是谭永发的巡防队,还是满洲第一营,官兵都无心打仗,有的竟朝天放枪。谭永发部的一个头目要开门献城,被谭杀死。激战到下午,满洲营炮兵首先撤退(一说炮兵放列于城郊乌坝村,被山西民军将炮全部缴获),接着步兵也借口撤出城外。山西民军很少伤亡。次日,阎锡山进入萨拉齐,允许同知呼延庚继续任职,在衙门办公。李德懋又打开监狱,把放出来的囚犯编为敢死队,以其中的张万顺为队长。张万顺铁匠出身,膂力过人,能搬动石狮子,是清末包、萨一带的第一条好汉。他担任敢死队长后,在战斗中冲锋陷

---

① 《辛亥革命》(六),第195页。

第八章 归绥道两次起义与山西民军在包、萨

阵，起过重要的作用。

堃岫闻萨拉齐失陷，急忙召集土默特旗的参领们开会，商讨应战办法。他沮丧地说：大清已到生死存亡之际，巡防队和满洲营都不济事，新旧二城能否保住，全靠你们土默特旗维持了。

土默特旗的参领们在会上都表示支持清政府，愿出兵抵抗山西民军的进攻。会后，参领们在旗议厅研究决定，命令在城里的蒙古族步兵第二营和骑兵营，向西开进。部队于1912年1月24日（辛亥十二月初六日）出发，25日抵达刀什尔村（今陶思浩车站）。

刀什尔西南，有几个相连的打谷场，场边垒有半人高的乱石墙。蒙古营管带发义料定山西民军定从西南方发起攻击，便选择石墙作阵地，命令士兵严阵以待。山西民军连克两城，产生轻敌思想，决定东取归绥。25日亦进抵刀什尔村西南的陶思浩村。26日晨，山西民军敢死队冲锋而来，他们只有二人抬、毛瑟枪等旧式武器，有的还是徒手。进入射程以后，被蒙古营一阵排枪，打倒很多，但仍卧地坚持战斗。接着山西民军的正规部队，成半月形增援而来，人数有蒙古营三倍之多，一指挥官骑黑马，往来指挥，催兵前进。虽然弹飞如雨，但这指挥官毫不示怯。蒙古营见形势于己不利，一面求援，一面挑选了十二名优秀射手，命令他们用排枪专打指挥官。结果山西民军统带王家驹应声倒地，部队失去指挥官，锐气大挫，枪声渐渐稀疏下来。这时，蒙古骑兵营和谭永发的巡防队也支援上来，谭发了几炮，山西民军便撤出阵地。这就是人们所说的刀什尔之战，因为刀什尔村西南有条小河叫谷勒畔河，所以又称谷勒畔之战。据说此战山西民军伤亡数百人，蒙古营仅阵亡二人。[①]

山西民军失利，乃转往托克托。

后来，为了表彰王家驹，中华民国临时大总统孙文令陆军部准给王家驹恤金并附祀忠烈祠。其文曰：

> 据陆军部长黄兴呈称："山西行军参谋王家驹，率兵攻克宁武、

---

① 杨云阶：《辛亥绥包革命史实纪述》，《近代史资料》1955年第2期。《内蒙古辛亥革命史料》一书中，荣祥、巴靖远、任秉钧等所写资料。

怀仁、大同一带，以功升总参谋兼四标统带，由虎（府）谷渡河，略取河西蒙古地。贼闻惊溃，进占萨城、托斯和等处。不料孤军深入，弹尽援绝，为敌弹贯脑而死。查该总参谋忠勇性成，前后十余战，无不身先士卒，卒至捐躯报国。理合呈请优恤，准将该参谋王家驹照左将军例，优给阵亡一次恤金一千二百元，遗族每年恤金七百元，并准附祀晋、鄂两省忠烈祠。"等情，自属正当办法，应即照准，以示褒奖，借慰忠魂。此令。①

---

① 《近代史资料》1961年第1号（总第25号），第886页。

第八章　归绥道两次起义与山西民军在包、萨

第五节　民军转进托克托，阎锡山南归受阻

山西民军在刀什尔失利后，即转进托克托。

托克托也是归绥道口外十二厅之一，是个通判厅，最高行政长官为通判。它位于小黑河汇流黄河的入口处，是当时的水旱码头，商业繁盛，地方殷实。山西民军由包头东进时，绥远堃岫将军派了二百名巡防队到托，地方上还有个百余人的冬防队，准备以此来防堵民军。

当山西民军进至托克托境内的祝乐沁村时，通判包富荣十分惊慌，急忙召集绅商共谋对策。与同盟会接触过的一些知识分子阎懋、刘兆瑞、李永清等，以地方力量薄弱、无法抵抗为由，主张欢迎山西民军，以免地方遭受损失；冬防队队长吴英却坚决主张抗拒。包富荣自知力不能敌，乃顺应舆情，决定开门欢迎。他一面派人到祝乐沁村与山西民军联系，表示欢迎，并让托城和距城五里的商业重镇河口两地的"乡耆府"（相当民国时的商会）和地方士绅阎懋、刘兆瑞、李永清、吴英、石茂兰等安排欢迎和招待等事宜；一面让堃岫派来的巡防队撤回归化城，并将冬防队收枪解散。1912年1月28日（农历辛亥年十二月初十日），山西民军抵达托城，包富荣和地方士绅出城迎接，托城和河口商号都悬白旗表示欢迎。

山西民军进驻托克托后，阎锡山于第二日出布告安民并令交出私有武器；接着开监释囚，将愿意当兵的囚犯编入敢死队，又招募一些赌博汉和流浪者当兵，补充军队；除支用税局、盐局和地方上的一些公款外，又向商号和富户借银八万两（后按年息八厘，以现金、公债券、保晋公司股票归还）；为官兵每人做了一套三面新的蓝布棉军衣。山西民军在托城住了半个月，纪律良好，深受人民群众的爱戴。

反对欢迎民军的吴英，暗中进行破坏。他诬告河口大户金福海私藏来复枪十二支；又以供应民军为名，私自开条向商号借款，以破坏民军声誉；还向堃岫报告民军动态，并请派兵消灭民军。他是当地一名武术家，交游很广，教了许多徒

晋省风雷

弟，很有势力，霸占水源田产，群众敢怒而不敢言。山西民军查清其确系破坏后，遂将吴英逮捕，游街之后，召开大会宣布罪状，并在河口十字街头枭首示众。

时南北议和接近结束，驻军于托克托的阎锡山得此消息，又接到前咨议局副议长杜上化等人邀他回省的信，遂否决孔庚为报王家驹阵亡之仇准备东取归绥的意见，决计南归，乃通电报告山西局势变化及南归决策。其电文曰：

上海临时政府代表、武昌黎副总统、各省都督、咨议局、北伐联军总司令代表、民意报公鉴：锡山督师无状，兵败娘关。放弃太原，罪尤万死。敢将致败原因及败后情形，并遵电派遣国民会议代表，先行布告。忆自十月初九日，南军停战，清兵即连日遣使来晋议和。其时清兵精锐既逼东南，北巡防旗兵又皆负固不服，节节进占，岌岌可危。窃计与其三面受敌，兵单力弱，不如暂从和议，廓清内乱，然后联合南军，徐图进攻。不意清兵明讲和议，暗事进攻。此致败之一因也。迨仓卒（促）接战，敌炮猛烈，前线之兵，半系新练，且以寡敌众，力遂不支；而总司令姚以价遽撤预备队，为（与）该司令部人员弹药粮食等项，乘车遁回太原，自弃藩篱。敌又进攻不已。此又致败之一因也。锡山见此情状，无可如（奈）何，一面分遣何参谋绪甫，率领奇兵五百，绕道逆袭，以图截敌后路，一面至太原再为卷土重来之计。不意甫抵省城，而咨议局梁善济邀集一般私人，准备欢迎新抚。署府局面，全行改换。逼我出城，刻不容缓。其时锡山手无一兵，欲争不得，又恐清兵逼城，生灵涂炭，乃偕二三同志，狼狈北奔。此又致败之一因也。山西大局从兹败坏。推原其咎，何敢怨人。每一念及，痛不欲生。获罪国民，何颜相对！山川阻深，邮电隔绝。满腔心血，无可告语。惟以共和未成，徒死无益，乃与副都督分投南北，相约太原以南副都督任之，太原以北锡山任之。由是赴雁门，临保德，集合朔方各军共计八千余人，由府谷渡河，取道归绥，并约秦蜀两军同践旧约，会师北伐，自为秦晋蜀北伐先锋队司令官，期与南方北伐队互为声援。幸而大军齐至，包头、萨拉齐之清兵，望风自溃。归绥行将欲下，突有南来侦兵传到代表伍翁真、蒸两电,殊属进退维谷。进则恐违临时政府之命,退则恐遭太原议和之故辙,加以太原咨议局纯系梁善济之私人,不足为全晋人民之代表,一误再误。山西一隅不足惜,其如中华民国之大局何?用特不揣冒昧,遣员赴忻,电恳仍认本军政府前派到(之)刘绵训、李素、刘懋赏三人为山西国民会议代表。所有太原咨议局及所派代表,全晋人民决不公认。锡山所当遵谨(谨遵)电示,不日返旆太原,用待后命。倘蒙不弃,尚祈时赐针砭。晋军大都督阎锡山叩。①

1912年2月9日(农历辛亥年十二月二十二日),阎锡山率山西民军由托克托南下。②

山西民军于2月13日到达河曲时,已听到1912年2月12日南北议和结束,清帝宣布退位,共和告成,袁世凯将接任中华民国临时大总统的消息。接着又接到李盛铎"深盼南来,晤商一切"的电报,③遂催军兼程前进。1912年2月18日(农历壬子年正月初一日)到达忻州。④袁世凯当天又以纪律问题,致电阎锡山,又电李盛铎、卢永祥和武卫右军统领王汝贤,转令山西民军停止前进。致李盛铎等人的电文为:

  阎锡山军队纪律,非所深知,万无令其回驻太原之理。顷已电阎,令其"仍驻原地,静候调查,须有本大总统命令,方可移动,并令转饬温寿泉等遵照,如违即以违令论"等语。如阎果擅自进行,望即督饬各营严加抵御为要。新举大总统袁。筱。印。⑤

阎接电后,只得在忻州就地待命。

---

① 《民立报》,1912年2月6日。
② 《辛亥阎锡山民军在托克托》,《内蒙古辛亥革命史料》第50页。
③ 《李盛铎致阎锡山电》,《山西辛亥革命函电汇存》,《山西师院学院》1958年第2期。
④ 张树帜:《辛亥山西起义日记》,《山西文史资料》第19辑。
⑤ 《山西辛亥革命函电汇存》,《山西师院学报》1958年第2期第163页。

第九章 哥老会的革命活动与各州县归附革命

第一节 晋南哥老会的革命活动
第二节 全省各州县的归附革命

第九章　哥老会的革命活动与各州县归附革命

第一节　晋南哥老会的革命活动

哥老会又名江湖会，它的口号是"灭清扶汉"，它的武装名叫洪汉军，清末在陕西和晋南有广泛的群众基础。它在山西的活动中心，河东一带为永济、猗氏等地，平阳一带为洪洞、赵城、浮山、太平等地。在辛亥革命中，各县的哥老会员都曾起过一定的积极作用。

运城一带的哥老会首领杨九娃，由于和当地同盟会员没有联系，所以在西安起义后，即与一部分成员相偕入陕。太原起义后，南桂馨赴陕求援，杨九娃表示愿意参加陕西革命军，经南介绍，所部编入秦陇复汉军陈树藩旅。后来随陈渡河支援河东革命，参加了攻克运城的战斗。与陈树藩一同支援河东的洪汉军陈树发部，其成员主要是哥老会的成员。在河东民军中，哥老会的成员也不少，不过不是以哥老会的名义组织而已。这些成员一般在战斗中比较勇敢，但组织纪律性却较差，清廷官员诬"会"为"匪"。为了消除这种影响，张士秀在请陕军援晋所订的条款中，即规定："河东官吏于剿土匪时，应'但论匪不匪，莫问会不会'，以免滥杀无辜。"其用意即在保护哥老会成员。

洪洞、赵城一带的哥老会势力很大。太原起义后，在山西优级师范学堂学习的张清源（字境塘）奉命到洪洞、赵城募兵筹款。他在赵城明姜村会见了哥老会首领龙头老大姜某，和龙头老七宋煜，请他们出面动员青年参军。当时广胜寺附近的青年听到太原起义的消息后，都自动跑到广胜寺表示庆贺和响应，其中有许多就是哥老会的成员。当时有首歌谣是："广胜寺，地方宽，人马聚了好几千，锨把锄头当火药，吓得巡防队不知该咋办！"姜、宋、张三人相偕到广胜寺，说明革命的目的和意义后，报名参军的青年十分踊跃。洪洞县规定到南坂里报名，每十人编为一排，十排为一队，公推一队长，率领大家到太原向副都督温寿泉（洪洞人）报到。不到十天时间，就送了二十队，共约两千人。最后一批二百四十人，是龙头老大姜某与张清源亲自把他

晋省风雷

们领到太原的。民谣记述的参军盛况是："广胜寺，有高塔，十月初五把营扎。扎下营，就能行，赶快报名到省城。"洪洞、赵城一带的哥老会首领，还有杜金莲、李海杰、牛如虎等。南桂馨赴陕路经洪、赵时，结识了牛如虎。经南动员，牛如虎同情革命，愿为民军效力，他号召数百人参加了刘汉卿的南路民军。光复平阳后，他被刘汉卿委为平阳府镇台。谢有功复据平阳时，他正在洪、赵一带招募新兵。娘子关战败，温寿泉、李鸣凤等率民军南下时，他又参加了这部分民军。在攻取平阳的战斗中，牛如虎率部攻城，英勇奋战。杜金莲、李海杰等参加了南下民军的霹雳队，在老张湾堵截卢永祥部，予敌重创，在霍州城附近毙敌管带一名，在赵城红坡又予敌袭击，在后来攻取平阳的战斗中，又立新功。①

太平县的哥老会在县城西南太山沟一带活动，首领是曲沃县北坞村人靳殿华。太原起义后，靳纠集会众一千余人，成立晋南民军。成员都是农民，没有新式武器，训练也才开始。事为谢有功侦悉，立派巡防队一哨会同太平、新绛两县巡警前往镇压。农民骤被袭击，惊慌失措，四散逃逸，伤亡不少。靳殿华率少数骨干突围后，又组织起千余人的队伍，由侯马锺仁义、锺天义兄弟和曲沃陈方金等分领，后来参加了温寿泉率领的南下民军，靳殿华、锺仁义被委为管带。他们的队伍在攻打绛州、平阳等地的战斗中，起过一定的作用。夏县哥老会首领王进魁也曾参加过攻取平阳的战斗。

在辛亥革命时，影响最大的要数浮山县陈彩彰领导的洪汉军。陈是浮山县北王村人，习拳练武，仗义疏财，好打不平，曾与盖清元、盖会元、柏长胜、段德胜、张大厢、李思信、段福胜等结义，人称"八大弟兄"。陈彩彰后来被征入城守营，由练勇升为什长。1905年，茅津渡哥老会起事，他趁公干的机会，到该地与哥老会取得了联系，从此秘密发展会友，进行"灭清复汉"的活动。1910年，浮山县增加煤税，引起人民群众的反对。陈支持这一运动，迫使知县郑景贤准予豁免煤税，进一步得到人民群众的拥护。太原起义后，陈彩彰以城守营的士兵为基本力量，联合县自治所所长张共沂，同盟会员乔

---

① 南桂馨：《辛亥革命时期新军以外的各种力量》，《山西文史资料》第3辑。杨懋哉：《辛亥革命前后的洪洞和赵城》，《山西文史资料》第19辑。

名昌、贾耀宸等,驱逐了知县王锦昌和管带高锡恩,组织了革命政府,公推张共沂护理县印,陈彩彰代理管带,在城头竖起了"灭清复汉"的大旗。起义不久,平阳府巡防队前往镇压,革命政府不得不退出县城。温寿泉、李鸣凤等南下时,陈彩彰参加了南下民军,担任排长。河东军政分府成立后,派陈彩彰为东路招抚委员,收编散兵。后来陈彩彰又随李鸣凤攻打平阳,在围城战斗中,服从调遣,英勇善战,很受李鸣凤的赏识。①

---

① 贾子特:《陈彩彰起义史略》,《山西文史资料》第4辑。

晋省风雷

第二节　全省各州县的归附革命

　　山西境内，太原、大同和河东相继建立了革命政权。在河东，部分县是由军政分府委派的同盟会员或革命人士担任知县，部分县保留了欢迎革命的旧知县，他们与地方士绅共建民团，维持局面。但是在太原和大同，革命政权并没有在附近州县建立政权，至于边远县分就更无从谈起了。在辛亥革命后的几个月之内，全省各州县的政权，大体有这样几种情况：有些州县由同盟会员建立民团，夺取政权，虽未建立军政府、委任县知事，但实际上把政权掌握在自己手中；有些州县建立民团，维持地方治安，与旧政权形成并存的局面；有些县的旧官员出面召集士绅成立民团，维持治安；有些县依附革命，对民军采取欢迎支持态度；而大部分州县，特别是边远山区，都维持原状，静观时变。清帝退位共和告成后，不管是哪一种类型的州县，都自然而然地进入了民国。

　　五台县是由同盟会员夺取政权的。五台县的同盟会员较多，革命力量较强。太原起义后，同盟会员康佩珩、赵三成、郭振都、赵星西等在五级村成立了保安社，招募民团，维持社会治安。后来，民团一部分由赵三成率领，参加忻代宁公团，开赴大同；一部分在康佩珩、郭振都的率领下进城，从知县牛葆忱手里夺取政权。郭振都任民团团长，勒令富户筹措经费，号召人民捐献武器，由民团维持秩序，直到建立新政权为止。①

　　霍州知州何锡褆是个两面派。武昌起义后，一平遥人路经霍州，说南方兴起革命军，不久就会来到北方。何得报后，断定此人是革命党，立即逮捕并用铡刀铡死，又枭首示众，还欲处治进步绅士任鸿钧等。太原起义后，他又与民军通声息，民军倚为南路之总机关。1911年12月2日，南路军司令刘汉卿率部进抵霍州，群众纷纷反映何之罪行。民军队官杨临洙欲杀之，刘汉

---

①辛补堂：《五台县辛亥革命活动》。

第九章　哥老会的革命活动与各州县归附革命

卿等则将其驱逐出境。霍州于是成立治安事务所，由任鸿钧、刘行谨分任正副所长，维持地方治安。①

汾西县的旧知县贾松年，在武昌起义后即惶恐不安。接着太原起义爆发，平阳知府耆昌逃之夭夭，贾松年亦悄悄溜走。后来革命军委派华元清为汾西知县，建立了新政权。②

定襄县可以说是两个政权一度并存的典型。知县丁怀榮于1911年春到任后，贪赃枉法，受贿断案，冤狱不断出现；还横征暴敛，在每两钱粮内加征八十文，群众对他很不满意。担任巡警教练所所长的同盟会员贺炳煌、担任自治所所长的同盟会员牛诚修、担任高等小学堂堂长的同盟会员齐宝玺，都借合法身份，宣传革命，发展会员。太原起义后，贺炳煌、齐宝玺等立即召集民团二百余人，进行训练。丁怀榮鱼肉人民的劣迹有所收敛，但遇事推诿不管，因此抢案迭出，社会秩序很不安宁。民团于是自动负起维持治安之责，枪毙了抢劫犯马长保和阎复元兄弟等三人之后，社会秩序才比较安定。忻代宁公团成立后，贺炳煌率民团参加公团北上大同。地方秩序则由齐宝玺率留县民团负责维持，可以说形成了两个政权。娘子关战败后，阎锡山北走，丁怀榮表面上对民团工作敷衍应付，暗里则勾结劣绅乔良斋（名景山）和粮房经承樊成龙，将牛诚修、齐宝玺等二十多人列入黑名单，图谋扣捕。齐宝玺等则率民团收缴从娘子关撤退下来的散兵游勇的枪支，武装自己。当时知县有巡警二十余人，枪十余支，而民团却有八十余人，枪二十余支，且有戒备，因此丁怀榮未敢下手。1912年初，阎锡山回到忻州，忻代宁公团各回本县。丁怀榮做贼心虚，先将家眷和财物运走，又雇好马车企图乘夜逃走。群众要求贺炳煌逮捕丁怀榮，追回赃款。贺炳煌差人告丁说："群众对你非常痛恨，恐怕路途有变，明天派人保护你出境。"③二天即将丁押送忻州交阎锡山处治。阎将丁交忻州知州朱善元关押。朱将丁私自放走，谎报看守疏忽，乘夜潜逃。后来贺炳煌将粮房经承樊成龙交阎锡山枪决，残余的反动统治才在定襄彻底结束。

---

① 赵擎寰藏稿《河东革命记》，《山西文史资料》第3辑，并参阅霍县政协稿。
② 汾西县政协：《辛亥革命在汾西》。
③ 李召轩、齐宝玺：《定襄辛亥革命活动》，《山西文史资料》第2辑。

晋省风雷

太谷县在太原起义后，由绅士孟广誉、白逵等招募商团百余人，成立营务处，由孔祥熙任营务处总办维持地方治安，还选送十余名学生参加学生军赴娘子关参战。至于旧政府则未触动，知事处理例行公事，商团则维持治安。①

襄垣县在太原起义后，知县高增奎即召集同盟会员孙宗武及士绅李庆芳、王缙云、苗雨润、王维新、孙安乐等创办民团总局，招收民兵120人，并在西营、普头、阎村、魏家坡等村镇各招民兵20人，维持地方治安。②

孔祥熙

绛州（今新绛县）知州龙潢遵在太原起义后，招募民团200人，聘请同盟会员吉麟定为管带，维持地方治安。后来清太原镇前路巡防帮统陈政诗来绛盘踞，被河东民军李岐山部消灭。民团遂与民军会合。③

翼城县令戴书铭闻太原起义，即召集士绅马毓琛等商议，决定以"绅保官、官保地方"为宗旨，设团防局，招募团丁，维持治安；以马毓琛、朱翼亭、李梅轩、王君祥四人为招待员，负责处理涉外事宜。河东民军李岐山部围攻平阳，派王锦秀筹饷，要去白银2000两。农历十二月初，李岐山委鲁尔昌为翼城县知事。戴书铭将县印送至自治所，转交于鲁。不久，河东民军梁俊玉（保德人）带兵一营来县驻扎。数日后，卢永祥率清第三镇兵侵占临汾，鲁、梁惧，竟说："不想好头颅，竟砍在翼城！"后派人送鲁回乡。经派人商洽，李岐山又委原知县戴书铭复出任事。④

绛县同盟会员王兰溪在武昌起义后，会见知县薛永祺，晓以大义，双方约定：俟平阳府光复后，绛县即行起义。后如约履行，薛被任命为绛县第一

---

① 《太谷县志》，民国版。刘法成：《太谷县辛亥所见》，《山西文史资料》第19辑。
② 《新绛县志》，民国版。
③ 《襄垣县志》，民国版。
④ 《翼城县志》，民国版。

第九章　哥老会的革命活动与各州县归附革命

任民国知县。①

忻州是响应革命比较积极的一个例子。太原起义后，忻州也曾一度出现混乱。从日本留学回国、在忻州开办新兴劝工厂的同盟会员石莹、许之翰和该厂总稽核银承业，以及掌握中小学堂的同盟会员赵良巨、邢建元等，以工人和学生为基本成员，迅速组成革命军一个营，由银承业任营长，负责维持地方秩序，并征集大批米面、蔬菜、肉食等送往太原支援革命。知州朱善元听到消息后，立即在老爷庙召开绅商会议，成立议事会，公推著名绅士王宪文为会长，由巡警负责维持秩序。1911年11月10日，他看到革命站住了脚，便宣布忻州响应革命，并以巡警为基础成立了忻州新军。阎锡山北走后，第三镇兵进驻太原，朱善元有些动摇，遂将新军改为民团，继续维持地方秩序，并收缴从娘子关撤退下来的散兵游勇的枪支。1912年2月18日（农历正月初一），阎锡山返回忻州，朱善元率领军民在五里之外迎候。朱善元将阎锡山迎进贡院，大摆筵席招待，并向当地郜、王、张、石、陈、任六大财主募款，还动用粮银和中学经费，供应阎锡山关发薪饷和日用开支，估计约有白银二十万两左右。阎锡山率民军到忻州时，队伍服装非常杂乱，穿什么的都有，破破烂烂，状极狼狈；及至回太原时，已经焕然一新。为了报答朱善元，阎锡山后来调朱任山西省财政厅厅长及冀宁道尹等职。②

上党地区包括潞安（今长治市）、泽州（今晋城市）二府和辽（今左权县）、沁（今沁县）二州，驻有巡防队数百人。太原光复后，起义军主力开赴娘子关对清军作战，剩余兵力有限，刘汉卿和张瑜分别南下、北上后，力量更感不足，对上党地区鞭长莫及，无力过问。这些地方仍然处于清政府官吏和巡防队的控制之下。鉴于上党地区地域辽阔，形势险要，向为兵家必争之地，山西临时省议会议长杜上化和王用宾、李庆芳遂派临时省议会议员李生裕（秀才，同盟会员，原省咨议局议员）和白某等二人为代表到上党劝降。担负同一任务的白某怕出危险，中途返回太原。李生裕只偕随从孙毓禄到了潞安府。

潞安府知府英华听到武昌起义的消息后，忽然病卒。家属即日开吊，次日

---

① 张增才：《辛亥革命时期的绛县》（未刊稿）。
② 王定南：《辛亥革命忻州知州成立新军的一些情况》，《山西文史资料》第7辑。

扶柩回京。后来有人在京看到过他,原来是弃职潜逃。刘环渠后来继任,但也不问政事,只静观事变。各县也都处于无政府状态。而地方上的先进人士和知识分子则急于革命成功,争先剪掉辫子,宣传起义和各地革命胜利的消息。

李生裕到上党后,知府刘环渠召集部分官兵,严阵以待,如临大敌,及至看到只有二人骑马而来,态度从容,言词诚恳,形势才缓和下来。在谈判过程中,李生裕除反复说明全国革命形势、宣传五族共和的道理外,并以陆锺琦的下场为例晓以利害,还保证其生命财产的安全。刘环渠在不得已的情况下,接受投降。潞安府的龙旗换成了中华民国的五色旗。长治县知县陈毓光也跟着归降。

潞安府归降之后,李生裕又到泽州府所在地凤台县(今晋城市)。凤台县知县朱鸿文,在辛亥革命后,一不发布命令,二不处理问题,政府工作处于瘫痪状态。巡防队三个月没有发饷,酝酿哗变;城关附近的汤圆坡、河西村西面的山神庙、上辇村东的灵官庙附近,抢劫案件层出不穷,有的甚至杀人越货,社会秩序相当混乱。李生裕到凤台后,因朱鸿文是李生裕考秀才时的座师(考官),所以先去拜见了朱,说明劝降任务和潞安府归降经过,请其首义并劝泽州知府恩联(满族)归降。由于朱的从中斡旋,泽州府顺利响应。李生裕又到辽、沁二州。这两地没有巡防队驻防,在潞、泽二府先已归降的情况下,未费多少唇舌,即欣然归附革命。①

在日本留学时加入同盟会的武秀才孙宗武,因是襄垣人,在太原起义后也曾到潞安各县宣抚。所到之处,知县多不敢出头,一般多是先与先进人士联系,然后由他们从中斡旋。知县表示接受革命,把带去的布告张贴城乡,群众知道后,革命就算成功了。上党地区各县的情况大体如此。②

在山西其他一些山区小县,当地没有同盟会员,消息也不灵通,也没有什么革命活动,官员和群众都取观望态度,静待局势的变化。清帝退位,共和告成后,阎锡山一纸命令,各地改用民国年号,就算大功告成了。

---

①李文彬:《辛亥革命李生裕上党劝降经过》,《山西文史资料》第2辑。
②王家驹:《潞安地区辛亥革命前后》,《山西文史资料》第1辑。

第十章 南北议和与阎锡山执掌山西政权

第一节 南北议和与袁世凯的阴谋
第二节 阎锡山执掌山西政权

第十章 南北议和与阎锡山执掌山西政权

第一节 南北议和与袁世凯的阴谋

武昌起义,清政府反扑,派军占领汉口后,帝国主义国家为了他们自身的利益,由英国公使朱尔典出面调停,建议双方停战议和。当时,同盟会和革命军方面低估了中国人民的革命热情和巨大力量,也未看出北洋军的虚弱本质和受到打击后已经残破不全的状况,认为袁世凯拥有优势兵力,又有帝国主义的支持,势力非常强大,恐怕打下去会遭到失败,于是妥协思想占了上风,把袁世凯这个野心家看作可以争取的第三种力量,甘愿推他为共和国大总统,以换取革命的早日胜利。袁世凯则看准时机,利用议和,以倡言君主立宪向革命党讨价还价,以革命党要求共和逼清帝退位,从而实现他的个人目的,篡夺民主革命的胜利果实。因此,当英国公使出面调停时,双方都表示愿意停战议和。

1911年12月7日,清政府任命袁世凯为议和全权大臣,袁即日派唐绍仪为全权代表南下。9日,十一省革命军政府代表公推伍廷芳为总代表,与唐进行谈判,会址定在上海。

在议和会议正式开会之前,双方同意先行停战。但是,老奸巨猾的袁世凯在燕晋联军截断京汉铁路阻他北上就职之时,就已将吴禄贞和阎锡山视为死敌。吴禄贞被他派人刺杀后,阎锡山就成为他要铲除的头号敌人。他同时深知山西处于京畿的肘腋之间,将来不管是维持清皇室的统治,还是由他执政,让同盟会员在山西建立革命政权,都是他的心腹之患,因此提出民军不包括秦、晋及北方起义各军在内,意在借停战之机灭除心腹之患,特别是山西民军。革命军方面因急于停战,黎元洪于12月9日宣布的停战条件第三条便是:"因秦、晋、蜀三省电报不通,恐难及时停战,是以所有以上停战条件,与该三省无涉,惟停战期内,两军于该三省,各不增加兵力或军火。"①

---

① 议和资料均引自《中国革命记》第13册。以下不另加注。

晋省风雷

这种妥协给山西人民和革命事业带来极大的不利。袁世凯和曹锟等人利用这一点，不仅增加兵力和军火，而且于12月12日攻陷娘子关，迫使山西民军分兵南北，撤出太原。这是袁世凯对阎锡山的第一次打击。

不仅如此，袁世凯还进而将北方革命军统称之为土匪，意在借"剿匪"之名，消灭山西民军。1911年12月17日，革命军代表伍廷芳复电袁世凯，严正指出：

> 现时东西南北，皆民军足迹所至，与土匪决不相混。土匪二字，清廷以诬我民军久矣。武昌起义，清谕即以土匪相斥。今尊电概称北方土匪，一如前此清谕指斥武昌起义之词，此民军所不肯受者也。即如山西民军，尊处屡派员调和，此次攻袭娘子关，于停战期内而不停战，意若置诸土匪之列。其为诬罔，岂复待言！

虽然如此，袁、曹之流仍然不顾革命军代表之严正警告，命令第三镇卢永祥部继续前进。在陕西，清军亦向革命军继续进攻。

为此，豫晋秦陇四省协会代表会见伍廷芳，请其要求清代表唐绍仪转达袁世凯，命令秦、晋两省清军立即停战。1911年12月18日，袁世凯复电伍廷芳，又谎称电讯不通，准伍廷芳用袁的名义通知各地清将，在休战期内不得开仗。当天下午，举行了南北议和第一次会议（预备会议）。伍廷芳提出，湖北、山西、陕西等地均应一律停战，清军不得进攻；必须得到袁世凯的正式承诺，始能举行正式会议。

但是在山西的清军卢永祥部并没有停止前进，于12月12日占领娘子关。1911年12月27日，伍廷芳在南北议和第二次会议上，谴责袁世凯在停战期间调兵遣将，先占娘子关，继窥太原府。因此，这次会议又议定："自1911年12月31日（农历辛亥年十一月十二日）早八时起，所有山西、陕西等处之清兵，一律退出原驻地百里以外。"在12月29日的第三次正式会议上，又重申前议。袁世凯对这些条款都复电承认。

但是条款是条款，事实是事实。清军第三镇卢永祥悍然不顾双方代表达成的协议，于1912年1月6日（农历辛亥年十一月十八日）率部进占太原，

第十章　南北议和与阎锡山执掌山西政权

清新任山西巡抚张锡銮亦于1月10日在武卫右军统领王汝贤率兵一营的保护下，到达太原。之后，卢永祥部又南据平阳。

清军违约进占太原是无法掩盖的，为了替自己的罪恶行径辩护，又歪曲事实，竟着驻北京的意大利公使出面进行粉饰，把清军进占太原，说成是"太原传教西人，地位危险"，袁内阁"所派之兵只为保护西人，并非有战争之意"。为此，山西军政府代表李素、刘懋赏将事实真相电告伍廷芳，并对其欺骗行径予以揭露，请伍向袁世凯据理力争。其电文为：

> 敬启者：前因清军藉（借）名保护教士，派兵四营，突入太原，当经函达台端，请与袁氏严重交涉，谅蒙俯鉴。代表等静以待命，以为阁下必有对付之方，乃近阅阁下与袁氏来往电文，于此事初未致诘，而道路传闻，且谓阁下已允清军入晋防匪，保护外人。闻之不胜诧异。私心揣度，以为阁下明达，当不至此；或者南北交通阻隔，阁下未悉晋中情形，致见欺于袁氏。事体重大，未敢默然，用将实在情形，为阁下陈之。查太原自民军退后，曾添巡防兵四营，巡警、民团各千余人，维持秩序；其余兵队，虽分驻省之南北，阎都督犹时以保护外人，告诫军民，故地面极安。乃旧历十一月十二日，忽有义（意）大利参赞一人，由北京来太原，寓居教堂。是夜遂有土匪刻期起事之说。当经严行查究，终不知讹从何来？十四日义（意）参赞去晋返京，遂宣传有清兵保护教士之电。查晋省教堂，建筑甚坚，又有快枪巨炮，以为之备，人所共知。自九月至今，宜绅恒往求庇，则其不待保护，可想而知。今姑不论。第当时干戈扰攘，义（意）参赞果以何事来太原？又何以不寓他处而寓教堂？若谓有事，何以仅住一日，即行去晋？土匪起事之说，又不先不后，而起于该参赞抵晋之时；请兵保护之电，又不出于驻晋之教士，而出于偶来之义（意）国参赞。人言啧啧，咸谓袁氏转托英使，授意该参赞。虽道路悠悠，未必尽信，而揆诸情事，实令人不能无疑。夫阳藉（借）保护外人之名，阴行侵占土地之实，兵不厌诈，在袁氏固为善谋，而晋中关系西北安危，讵能任其沦弃？阁下折冲坛坫，手系

晋省风雷

存亡,若舍重就轻,何以副海内人望?务请从速电达袁氏,据理力争,即将兵队退出太原,一面声明以后晋中如有土匪,则由民军剿抚,清军不得干预,以清权限。事机急迫,匆促陈辞,临颖无任主臣。①

伍廷芳接电后,于1912年2月4日致电袁世凯,揭露其驻军太原并进犯韩侯岭以南,要求立即将清军撤出山西境外。其电文为:

袁内阁鉴:……顷接山西咨议局报告,知娘子关为清军违约攻破后,阎都督为军治上之必要,移驻归化城,留民政长李盛铎维持地方秩序。乃清军藉(借)词护送外人,竟驻屯太原城内,并由张抚带来清兵一协,卢永祥为协统,陆续开往韩侯岭以南,防御民军北上;而毅军及二镇各兵队,亦由河南渡茅津以拒后路;并添调武卫军数营据守省垣。似此藉(借)词违约,进兵占领,既贻利用外人之诮,且有失信于山西民军之嫌,谅亦阁下所不取。查太原有民政长李盛铎维持地方秩扶序,毋须添派军队前往,转滋军民之疑。应请阁下迅饬各军队即行退出境外,以符原约,是所切盼。伍廷芳。支。②

这些有理有据的要求,袁竟充耳不闻。清军在山西一直待到清帝退位,才于3月下旬撤走。

---

① 《中华民国开国五十年文献》,第280-283页。
② 《中华民国开国五十年文献》,第280-283页。

第十章　南北议和与阎锡山执掌山西政权

第二节　阎锡山执掌山西政权

1912年2月18日（农历壬子年正月初一日），阎锡山率北上民军回到忻州。袁世凯虽将接任中华民国临时大总统，①仍立即发出不许山西民军前进的电令。其用意还是卧榻之旁不许革命党人鼾睡。这是袁世凯对阎锡山的第二次打击。

阎锡山为了使山西的革命力量和自己存在下去，既要取得孙中山和中间力量的支持，还须取得袁世凯的谅解。于是，关系山西前途和阎锡山命运的斗争激烈展开。阎锡山要使袁世凯的阴谋破产。

对于袁世凯不承认山西为起义省份，违约进犯山西一事，时在南京的山西民军代表南桂馨曾数次面请孙中山电袁力争。孙说："虽有此议，我们绝不承认，宁可和议决裂，不能不承认山、陕的革命同志。你们尽可放心！"②

但是阎锡山并不放心。他接袁电后无异受到当头棒喝，惶恐之余，20日即致电为袁信任的李盛铎，以谦恭的口吻提出辞职，赞李"久为晋民所瞻仰"，请求"鼎力维持"。其电文为：

> 抵忻后知共和发表，业电恳国民公会、咨议局辞职，另举贤能接代，转请阁下维持，谅已代闻。刻接王（汝贤）统领电，有"南北协和，勿轻启衅端"等语。现在军队已分途驻扎，静候接代，岂有启衅之理。除径复外，并祈转知为念。再吾晋疮痍未复，诸凡待理，我公热忱素著，久为晋民所瞻仰，尚望鼎力维持，勉任艰巨，不胜盼祷！③

---

① 袁于1912年3月10日在北京就职。孙中山于4月1日在南京正式解除总统职务。
② 南桂馨：《辛亥革命前后的回忆》，《山西文史资料》第2辑。
③ 《山西辛亥革命函电汇存》，《山西师院学报》1958年第2期，第166页。

晋省风雷

时杜上化、王用宾等正在太原筹组山西省临时参议会，原山西军政府代表刘懋赏、李素又被定为参议员。他们向孙中山建议，应派山西人前往了解情况，进行调解，并建议任命狄楼海为宣慰使。其函云：

李素

> 大总统大人阁下钧鉴：山西娘子关破后，旧政府所派军队至今尚未撤出，而都督问题至今尚未定妥。两两争持，势必酿为牢不可破之意见。非从速调和安抚，无以弭争持而消隐患。但兹事只取决于来往电报，万难奏功。非山西本省人身任其事，亲往主持，纠葛愈深，内部意见日兴，势将成最难解决之势。现旅沪山西同乡会要求速派专员赴晋：一、与袁得直接交涉，要求撤兵；二、得亲入山西内部调和意见，以定都督所归。俾无相争执，得以和平解决，实为急要。祈先生极力主持，从速派遣，不胜翘企待命之至。……旅沪晋人咸欲以狄楼海为宣慰使，未知尊以为和何？①

狄楼海受命为宣慰使后，提出七条意见，分电阎锡山、李盛铎、山西咨议局和国民公会，以及各报馆，认为只要采纳实行，他赴晋不赴晋，问题都可以解决。这七条意见是：

一、公恳阎都督顾全大局，力任其难，毋固言辞职；

二、安插未撤驻兵，取消河东军政分府，以定统一机关；

三、消灭咨议局，取简单方法，组织临时省议会，以一代表民意机关；

---

① 《李素、刘懋赏致孙中山函》，《孙中山藏档选编》，中华书局1986年版，第602页。

四、分拨兵械于各地方，以资镇慑；

五、调和旧日意见，急收各属人望，以期一致进行；

六、确定地方官吏，免致观望，以期政令易行；

七、速设讲演团，以期共和知识普遍人民。①

对于以上意见，阎锡山十分赞同。他立即复电狄楼海："政府爱晋，简君宣慰使，且感且喜。条示政见，具见我公关怀桑梓，顾全大局。惟山一节，则自审才力薄弱，绝不敢肩此重寄；只以接替无人，未便遽行脱卸，切盼尊驾速旋，极力主持，倘三晋同胞早离水火，实受公赐。"②

在这些函电往还的同时，阎锡山深知不能取得袁世凯的信任，是无法在山西立足的。于是有人建议他敦请在乡闲居的董崇仁赴京，在袁世凯面前替他说项。

阎发现董可以与袁接近，遂请董赴京一行，转达他对袁的忠顺。阎锡山还派清末任陕西财政监理官的谷如墉（谷思慎之伯）等，同时赴京向袁疏通。

当时，在确定建都地点问题上，革命党人与袁世凯有着尖锐的分歧。革命党人主张建都南京，因为南方革命力量较强，群众基础较好，因此孙中山在辞职咨文中提出的三个附加条件，有一条便是"临时政府设于南京"。他一再强调说："惟临时政府地点，仍须设立南京。南京是民国开基，长此建都，好作永久纪念，不似北京地方，受历代君主的压力，害得毫无生气，此后革故鼎新，当存一番佳境。"而袁世凯则主张建都北京，因为北方是他的老巢，他的北洋军主要在北方，北京是他个人势力的中心，他绝不愿意离开这个中心，到南京去受约束。他要在北京依靠北洋军巩固他窃取到的政权，以便为所欲为。这时，各方面的人物都在表示自己的意见，革命党人支持孙中山，守旧人物支持袁世凯，阵线是分明的。阎锡山为了讨好袁世凯，不失时机地与原清政府在山西的官员李盛铎、许世英、林学咸、骆成骧、王大贞、周渤等联名发表通电，赞同建都地点"以北京为宜"，并进而分析说："以形势

---

① 1912年3月9日《民立报》。
② 1912年3月10日《民立报》。

论，以事实论，以对内对外论，目前自无舍北就南之理"。① 这是阎锡山为了存在采取的一种策略。

袁世凯在初步了解阎锡山的政治态度后，觉得山西民军人枪数千，若不用阎，则遗患无穷，于是暂时保留阎锡山都督职位的想法便确立了。

经过近一个月的僵持，双方的态度都在开始变化。孙中山也作了让步，提出阎锡山回晋担任都督，由李盛铎担任民政长。他在致袁电中说：

> 北京袁大总统鉴：山西屡电，请转知撤退太原兵，召还晋省都督。查前清兵在晋，确有野蛮举动，大拂舆情。现在中国一家，秦兵既肯退出潼关，何独薄于晋省。若晋督返晋，李盛铎仍为民政长，则一是安谧矣！谨布，候复。孙文。②

李盛铎的态度也发生了变化，他与藩司周渤、咨议局副议长杜上化、刘笃敬于3月13日联名致电陆军总长段祺瑞，欢迎阎回太原仍任都督。电文说：

> 现经官绅各派代表，公同会议，决定如下：一、全省官绅，公认阎都督回省，并确能保卫治安。二、阎回省后，都督名义，仍旧存在，与他省无异，有变更时，须与他省一律变更。三、山西全省军事全权专归阎都督管理。以上各条，系官绅会议意见相同，并征之典论，亦均无异。除阎都督回省后，一切办法仍由官绅会商，期臻妥协外，谨合词上陈，务望早日定夺。③

局势朝着有利于阎锡山的方向发展，至此已基本明朗。这时，按照官场惯例，阎锡山又故作姿态，向孙中山、国务大臣、各省都督以及各地报馆发出了辞职电。其电文为：

---

① 《山西辛亥革命函电汇存》，《山西师院学报》1958年第2期，第174页。
② 《孙中山全集》第2卷，第128页。
③ 《山西辛亥革命函电汇存》，《山西师院学报》1958年第2期，第181页。

第十章 南北议和与阎锡山执掌山西政权

> 山才力绵薄,手执革鞭,百无一成,汗颜曷亟。幸赖全国上下,戮力一心,民国统一,共和目的完全达到,于愿已足,夫复何求。况破坏局终,建设方始,自顾驽骀,实非其才,刻已电恳晋民公会及咨议局,另选贤能,来忻接任。一俟继承得人,山即解除公柄,长揖归田,与四百兆同胞,共享自由幸福。肃此先布,伏希垂谅。晋军大都督阎锡山叩。①

在这种情况下,袁世凯才允许撤走进占太原等地的清军卢永祥部和王汝贤部,并于3月15日任命阎锡山为山西都督。②但是有一个先决条件,就是要在山西率先实行军民分治。这是袁世凯对阎锡山的第三次打击,也就是要剥夺阎锡山的行政权力。但是总的来说,阎锡山在这场斗争中取得了胜利。

为了存在,阎锡山屈辱地接受了军民分治的条件和任命,率部于1912年4月4日返回太原。他先向全国重要官员和各团体、报馆发出于当天午后2时返抵太原的通电。③接着又发出《通告全国文》:

> 地球转轴,大海环流。世界日新,民智日辟。交通愈广,竞争愈烈。专制政体,不容于二十世纪,此吾国之见外于列强也。保守性质,独胜二十行省,此吾晋之见轻于通国也。锡山生长边郡,愚戆性成,髫年入塾,窃窥乡先正《瀛环志略》一书,每思航海西渡,考拿破仑、华盛顿之战绩,究卢梭、孟德斯鸠之法理。有志未逮,时事日非。甲午一变,而巨款输,台湾割矣。戊戌一变,而党禁起,言路塞矣。及庚子之变,而四百兆人民之膏髓,罄竭靡遗失。最可耻者,捐越南屏翰以资强敌,犹策澶渊之勋;开辽沈门户以作战场,且作壁上之观。不惟史册所未有,抑亦环球所稀闻也。于是结合同志,负笈东瀛,矢精卫填海之心,坚愚公移山之志。毕业归国,承乏行伍。习勤运甓,待旦枕戈,思成孙策一旅之师,誓雪齐襄九世

---

① 1912年3月16日《民立报》。
② 《中国大事记》,《东方杂志》第8卷第11号。
③ 1922年4月6日《民立报》。

晋省风雷

之耻；外侮未御，内难方殷，进宏羊言利之臣，铸晁错削藩之错。蜀鄂首事，陕湘继之。逮太原树帜之日，即汉阳激战之时。旧都甫奠于金陵，先轸丧元于获鹿。胜负靡常，难可逆料。否泰倚伏，若循环然。迨自娘子关之役，锡山身在行间，守尾生之小信，中衷甲之狡谋。一人失算，万众蒙耻，愧对我三军，愧对我父老，愧对我表里形势之山河。兴言至此，肝肠寸裂！引剑自裁，夫复何惜！孰意二三同志，责我以大义，勉我以后图，教我以进退攻守之方略，由是返旆晋阳，共定大计，收集旧部，分道扬镳。幸而北军奋翼于包、萨，南军振翮于蒲、解，先谋自立，徐图进取，规画（划）两月余，而共和宣布矣！初心既遂，决志归田。嗟此同胞，不我遐弃。今奉大总统命令，率军回省。睹民雕物敝之形，乃卧薪尝胆之际，诸凡统一军权，保卫地方，一切建设事宜，在在均关紧要。自顾菲材，时虞陨越。所望桑梓俊人，海内英杰，勤攻吾短，匡予不逮，虽圯桥纳黄石之履，西向隆左军之座，其何敢辞。山西都督阎锡山谨告。①

在阎锡山回晋前，山西的军政由清政府委任的护理巡抚李盛铎（他又是军政府委任的民政长）负责，民意机关由国民公会代替了咨议局，由谷如墉、杜上化等负责。当阎锡山回到忻州前后，李盛铎与杜上化等均主张由阎任都督；阎回到忻州后，同盟会员王用宾由河东来到太原，主张取消国民公会，成立山西临时省议会，得到各界人士的赞同。山西临时省议会由每县推选一人为议员，并公推杜上化为议长，王用宾为副议长，同时选举阎锡山为山西都督，因李盛铎离晋，又选原太原府知府周渤为民政长。周不久亦辞职，又选谷如墉为民政长，张瑞玑为财政司长，崔廷献为内务司长，解荣辂为教育司长，刘绵训为司法司长，梁善济为实业司长，邵修文为高等审判厅长，王懋昭为高等检察长，南桂馨为巡警道。这些人选均为阎锡山同意并经袁世凯政府予以任命。

---

① 《中华民国开国五十年文献》。

第十章　南北议和与阎锡山执掌山西政权

阎锡山回到太原后，政府机构已初具规模，遂立即着手组织都督府。他仿照日本的军事建制，分设参谋与军政两个司，使军政与军令分立。任命孔繁霨为参谋司司长，主管军队教育和作战计划等事宜；任命黄国樑为军政司司长，主管军队补充、编制、装备等事宜；又设秘书厅，以赵戴文为厅长，后调赵为参谋长，以刘绵训继任秘书厅厅长；另以李德懋为副官长。

之后，又着手整编军队，将所部改编为一个师，以孔庚为师长，师辖两个步兵旅，旅长一为刘越西，一为孔自兼。旅辖两团，团长为张培梅、倪普香、赵守钰、台寿民。师又直辖骑兵、炮兵各一团，工兵、辎重各一营，骑兵团长为张树帜，炮兵团长为高树勋。

晋北续西峰的忻代宁公团和晋南李鸣凤的民军一个旅，到1912年年底，基本上都予解散。正规军队大部分驻太原，另在南北重镇临汾和大同，分设晋南和晋北镇守使，并各辖一个步兵团，上党地区设潞泽辽沁镇守使，辖步兵一个营，协助维持地方治安。

至此，山西的军政大权，虽说军民分治，但基本上完全掌握在阎锡山的手里了。